本书受上海大学经济学院、国家自然科学基金青年项目（71603160）、上海市高校青年教师培养资助计划（ZZSD15108）资助出版。

经济管理学术文库·经济类

异质性企业空间选择：机理与效应

Spatial Location of Heterogeneous Firms:
Mechanism and Effects

陈强远／著

图书在版编目（CIP）数据

异质性企业空间选择：机理与效应/陈强远著 .—北京：经济管理出版社，2016.11
ISBN 978-7-5096-4707-3

Ⅰ.①异… Ⅱ.①陈… Ⅲ.①企业管理 Ⅳ.①F272

中国版本图书馆 CIP 数据核字（2016）第 259187 号

组稿编辑：	张　艳
责任编辑：	张　艳　赵亚荣
责任印制：	司东翔
责任校对：	赵天宇

出版发行：经济管理出版社
　　　　　（北京市海淀区北蜂窝 8 号中雅大厦 A 座 11 层　100038）
网　　址：www.E-mp.com.cn
电　　话：（010）51915602
印　　刷：北京九州迅驰传媒文化有限公司
经　　销：新华书店
开　　本：720mm×1000mm/16
印　　张：12.25
字　　数：187 千字
版　　次：2016 年 11 月第 1 版　2016 年 11 月第 1 次印刷
书　　号：ISBN 978-7-5096-4707-3
定　　价：49.00 元

·版权所有　翻印必究·
凡购本社图书，如有印装错误，由本社读者服务部负责调换。
联系地址：北京阜外月坛北小街 2 号
电话：（010）68022974　邮编：100836

前　言

在区域科学之前，主流经济学主要探讨三大核心问题——What、How 和 for Whom，而忽略了区位问题。区域科学将 Where 引入，关注企业在哪里生产的问题。保罗·克鲁格曼创立的空间经济学，真正将空间因素纳入了企业区位选择的一般均衡框架中，为研究要素的空间分布规律和资源空间配置问题提供了一个崭新的分析视角和工具。早期的空间经济学模型如 CP、FC、FE、FCVL 等，都是将企业视为相同的——每个企业都有相同的成本函数、利润函数、企业区位方程等，从而导致企业区位选择过程中存在突发性集聚、"驼峰状"集聚租、区位选择内生的非对称性等。这些模型为解释和分析现实中的产业集聚、地区竞争政策问题提供了很好的理论支撑和依据。但现实中，企业与企业之间存在着显著的差异，包括生产效率、产品质量、加成率、固定成本、多产品供应能力等，这些导致企业的成本函数、利润函数、企业区位方程等必然会不同，从而使得建立这些模型的前提条件将不存在。那么，若考虑企业异质性，企业的区位选择内在机理是怎么样的？在区位选择的内在机理下，会产生什么样的效应？这些有待进一步的研究。

从现阶段中国的实践来看，中国的经济地理正在发生剧烈、持久的变化，这既对空间经济研究产生了重大需求，也为空间经济研究提供了最重要的素材和最丰富的土壤。环境治理、城镇化、区域政策协调等问题成为了现阶段最热门且亟待解决的问题。本书发现，研究这些问题都首先需要考虑企业异质性问题。例如，地区差距的存在，就是因为高生产率的企业、高技能的劳动力更愿意集聚在大城市的缘故，而地区环境政策差异也是因为地区争夺优质要素而导致的。因此，在分析和解释中国区域经济发展具体实践时，必须考虑企业与企业之间的差异。

基于空间经济学理论模型改进和中国区域经济发展实践的需要，本书将分别基于环境规制情形、知识溢出情形和地区竞争情形，构建了异质性企业区位选择理论模型，考察不同的影响因素对异质性企业区位选择的影响机理。具体来讲，本书首先在对概念界定与区位选择理论回顾的基础上，对企业同质性和企业异质性假设下的企业区位选择一般理论进行了对比分析。接着，本书将基于空间经济学框架和异质性企业假设，构建了异质性企业区位选择系列模型：①将基于FCVL模型框架考察环境规制政策下的异质性企业区位选择机理以及相应的环境污染效应，并利用我国工业制造行业的面板数据对理论模型得到的结论进行实证检验；②将建立一个异质性企业市场进入与劳动力流动内生决定的空间经济学理论模型，考察知识溢出和城市技术比较优势对异质性劳动力流动的影响；③将在双城框架下构建大城市企业生产率溢价的概念模型，考察选择效应、分类效应、集聚效应和竞争效应对城市间异质性企业生产率分布差异的影响，并实证解答了中国大城市的企业生产率溢价之谜。

本书的贡献体现在理论和实践两个方面。理论贡献方面，本书构建了不同情形下的异质性企业区位选择模型，这些模型都具有很好的拓展性，可以用于研究其他问题或为其他研究选题提供思路。同时，本书的实证研究方面创建了全新的变量测算方法与指标，可以解决目前空间经济学实证研究在某些代理变量选取或指标度量方面的困难，还改变了目前空间经济学计量模型存在的理论支撑不足或设定误差等问题。实践意义方面，本书基于空间经济学模型框架和异质性企业建模技术，从企业微观视角为我国现阶段经济发展中的城镇化、生态环境、转型发展等问题提供新的理论诠释和政策指导。

目 录

第1章 绪 论 ·· 1
  1.1 研究问题和意义 ··· 1
    1.1.1 研究问题 ··· 1
    1.1.2 研究意义 ··· 3
  1.2 研究内容和框架 ··· 4
    1.2.1 研究内容 ··· 4
    1.2.2 研究框架 ··· 6
  1.3 研究方法和创新 ··· 7
    1.3.1 研究方法 ··· 7
    1.3.2 可能的创新之处 ··· 8

第2章 文献综述 ·· 11
  2.1 异质性企业空间选择的理论基础 ································ 12
    2.1.1 空间经济学理论模型 ·· 12
    2.1.2 异质性贸易理论 ··· 14
    2.1.3 异质性企业建模技术 ·· 17
    2.1.4 异质性偏好效用函数 ·· 17
  2.2 异质性企业空间选择与均衡区位的影响因素 ·················· 18
    2.2.1 运输规模经济、交通基础设施与均衡区位 ················ 19
    2.2.2 贸易自由化、贸易成本与企业区位 ······················· 20
    2.2.3 消费者异质性偏好与企业区位选择 ······················· 21

	2.2.4	区域政策与企业区位选择	23
	2.2.5	环境政策与企业区位选择	24
2.3	异质性企业空间选择与企业生产率及其分布		25
	2.3.1	异质性企业空间选择与企业生产率	25
	2.3.2	异质性企业空间选择与生产率分布	27
2.4	企业异质性空间选择对空间区位均衡的影响		28
2.5	异质性企业假设下的最优化问题		29
	2.5.1	内生企业异质性假设下垄断竞争最优化	30
	2.5.2	VES效应函数下的垄断竞争最优化	31
2.6	企业异质性空间选择的福利效应		31

第3章 异质性企业空间选择的内在机理分析 ... 33

- 3.1 企业同质性假设下企业空间选择的机理分析 ... 34
  - 3.1.1 同质性企业空间选择的影响因素 ... 34
  - 3.1.2 同质性企业空间选择的主要特征 ... 38
- 3.2 企业异质性假设下企业空间选择的机理分析 ... 42
  - 3.2.1 企业异质性的定义与衡量 ... 42
  - 3.2.2 异质性企业空间选择的一般理论 ... 45
- 3.3 对比分析 ... 51
- 3.4 本章小结 ... 52

第4章 异质性企业空间选择的环境污染效应研究 ... 53

- 4.1 问题的提出 ... 53
- 4.2 理论模型 ... 57
  - 4.2.1 基本假设 ... 57
  - 4.2.2 短期均衡 ... 61
- 4.3 环境规制时的长期均衡 ... 65
  - 4.3.1 环境规制与"排挤效应" ... 66

目 录

  4.3.2　环境规制与环境污染量 ……………………………………… 67
 4.4　实证模型、数据和结果 …………………………………………………… 69
  4.4.1　计量模型设定与数据说明 …………………………………… 69
  4.4.2　实证结果 ……………………………………………………… 71
 4.5　本章小结 …………………………………………………………………… 73

第5章　异质性企业空间选择的城镇化效应研究 …………………………… 75
 5.1　问题的提出 ………………………………………………………………… 75
 5.2　理论模型 …………………………………………………………………… 79
  5.2.1　基本假设 ……………………………………………………… 79
  5.2.2　一般均衡 ……………………………………………………… 81
 5.3　数值模拟 …………………………………………………………………… 85
  5.3.1　异质性劳动力的工资 ………………………………………… 85
  5.3.2　异质性劳动力的房租 ………………………………………… 89
  5.3.3　城市空间结构的均衡状态 …………………………………… 89
 5.4　城市空间结构：反事实与对比分析 ……………………………………… 96
  5.4.1　反事实分析：技术优势相同 ………………………………… 96
  5.4.2　反事实分析：无知识溢出 …………………………………… 98
  5.4.3　对比分析 ……………………………………………………… 100
 5.5　本章小结 …………………………………………………………………… 103

第6章　异质性企业空间选择的城市生产率溢价效应研究 ………………… 105
 6.1　问题的提出 ………………………………………………………………… 105
 6.2　文献综述 …………………………………………………………………… 107
 6.3　大城市企业生产率溢价的理论基础：双城框架 ………………………… 111
  6.3.1　基本框架：集聚效应、选择效应与分类效应 ……………… 111
  6.3.2　异质性企业生产率溢价的非对称性：竞争效应的作用 …… 114
  6.3.3　计量识别 ……………………………………………………… 115

异质性企业空间选择:机理与效应

6.4 中国工业企业全要素生产率估计 ················· 115
   6.4.1 数据处理及变量说明 ················· 116
   6.4.2 TFP 估算结果 ··················· 119
6.5 大城市生产率溢价之谜的实证解读 ················ 121
   6.5.1 城市内企业生产率分布的基本情况 ··········· 122
   6.5.2 计量模型设定 ·················· 124
   6.5.3 回归结果 ···················· 129
   6.5.4 稳健性检验 ··················· 134
6.6 本章小结 ························· 140

第7章 本书结论与启示 ························ 142
7.1 本书结论 ························· 142
   7.1.1 引入企业异质性假设的空间经济学模型结论 ······· 142
   7.1.2 环境规制下的异质性企业空间选择及环境污染效应结论 ·· 142
   7.1.3 知识溢出情形下异质性企业空间选择与城镇化效应结论 ·· 143
   7.1.4 城市竞争情形下的异质性企业空间选择与企业生产率
         溢价效应结论 ·················· 143
7.2 政策启示 ························· 144
   7.2.1 推行地区合作的环境治理政策 ············· 144
   7.2.2 依靠产业升级与技术进步来推动城镇化 ········· 144
   7.2.3 城市发展在避免过度集聚时应发挥城市集聚效应的作用 ·· 145

附录1 第4章公式推导 ······················· 146

附录2 第6章附表 ························· 148

附录3 1998~2007年分行业中心和外围核密度估计图 ·········· 152

参考文献 ····························· 157

第1章 绪 论

1.1 研究问题和意义

1.1.1 研究问题

经济活动从本质上来讲就是要素资源配置问题。在研究要素资源配置问题时，主流经济学一直致力于探讨三大核心问题——What、How 和 for Whom，即 3W。在区域科学发展之前，主流经济学通常忽略了区位问题，或者说，把某个地域上的经济过程的分布与理论问题留给了经济地理学者。随着区域科学与空间经济理论的发展，人们的目光开始注意另一个 W——Where，即企业选择在哪里生产的问题。诺贝尔经济学奖得主保罗·克鲁格曼创立的空间经济学，把主流经济学长期忽视的空间因素纳入一般均衡理论的分析框架中，研究经济活动的空间分布规律和资源空间配置问题（Baldwin et al., 2003；梁琦，2004，2010），为人们研究企业区位提供了一个崭新的视角和一个强有力的分析工具。利用主流经济学模型研究要素的空间流动和配置（梁琦等，2013），比经济地理学用纯自然事实解释与探讨这些问题其结果更加令人满意（韦伯，1965）。

在研究企业区位选择问题时，早期的空间经济学模型都是基于企业同质性假设，得到了突发性集聚、"驼峰状"集聚租、内生的非对称性、叠加区的存在等结论。从建模的角度来讲，这些理论模型将企业视为同质的，因而其区位决策函数是相同的。但现实中，企业与企业之间是千差万别的，很难找到两家完全相同的企业。现有的研究也表明，企业之间存在多种差异，包括生产效率（Melitz，2003）、产品质量（Johnson，2012；Schott，2004）、加成率（De Loecker, Goldberg, Khandelwal and Pavcnik, 2014）、固定成本（Das, Roberts and Tybout, 2009）、多产品供应能力（Arkolakis and Muendler, 2010；Mayer, Melitz and Ottaviano, 2014）。因此，将企业都视为相同的个体，尽管在理论建模时具有巨大的简洁性与易操作性等优势，但却并不是对现实的一个很好的描述。当然，这主要是由于建模时对异质性企业刻画存在着较大困难。

在国际贸易理论领域，Melitz（2003）等创建的异质性企业贸易理论，开启了对异质性企业研究的热潮。德国哲学家莱布尼茨认为，世界上没有两片完全相同的叶子。因此，对企业异质性的考察，与其说是一个理论假设，不如说是一个现实描述。此后，除了国际贸易理论研究领域，经济学其他领域如区域科学等也都纷纷将目光转向企业异质性。在空间经济学领域，Baldwi 和 Okubo（2006）最早将企业异质性引入分析了企业区位选择问题，考察了异质性企业区位选择中的选择效应与分类效应，为研究异质性企业区位选择提供了一个基本的理论模型框架。尽管近年来对异质性企业区位选择的研究取得了一定的进展，如考察贸易成本、运输成本、税收竞争等因素对异质性企业区位选择的影响，但仍有很多问题没有解决：异质性企业区位选择和同质性企业区位选择的内在机理会有什么不同？突发性集聚、内生的非对称性等结论是否仍然成立？不同情形下异质性企业区位选择会产生什么样的效应？这些问题有待进一步的研究。

另外，21世纪初期，中国经济活动的空间组织，中国的经济地理正在发生着剧烈的、持久的、趋势性的变化。这样一种变化应该说既对空间经济研究提出了重大需求，同时也为空间经济研究提供了世界上最重要的一个素材，创造了世界上最优越的空间经济研究的土壤（梁琦、黄卓，2012）。在此背景下,空间经济学理论被用来解释和指导中国的城镇化、区域协调与发展、环境治理等问题。这些研究通过解决"Where"的问题,为推动宏观经济健康运行的政策制定提供了理论支撑和依据。但本书发现,对于我国区域经济发展中的问题,很多并不仅是由"在哪里"而产生的,更是由于"什么样的企业在哪里"导致的。例如,地区差距的产生,是因为高生产率企业更愿意选择大市场、有更多高技能劳动力的大城市;地区环境政策差异的出现,是由于发达地区(大市场)对高生产率企业的吸引力和欠发达地区在地区竞争时的政策弱选择性;等等。因此,在解释和剖析我国区域经济发展的具体实践时,必须引入企业异质性假设。

这些都表明,企业区位理论研究和中国区域发展实践问题都亟待对异质性企业区位选择理论进行深入,进行研究方法、技术与工具的拓展与变革。

1.1.2 研究意义

本书的研究意义同时体现在理论意义和实践意义两个方面。

1.1.2.1 理论意义

目前,异质性企业区位理论的研究仍处于起步阶段,对异质性企业区位选择内在机理和产生效应的研究有很大的发展空间。对于这些研究而言,亟待理论模型特别是具有拓展性的分析框架的出现。为了考察不同情形下异质性企业区位选择内在机理以及产生的相应效应,本书构建了环境规制情形下的异质性企业区位选择模型、知识溢出情形下的异质性企业区位选择模型和大城市生产率溢价的概念模型。这三个模型具有很好的拓展性,可以用于研究其他问题或为其他研究选题提供思路。

同时,本书在实证研究方面,创建了全新的变量测算方法与指标,可以解决目前空间经济学实证研究在某些代理变量选取或指标度量方面的困难。在空间经济学计量模型的设定方面,本书基于理论模型而设定,改变了目前这方面研究结构化设定存在的理论支撑不足或设定误差等问题,为此类的实证研究提供了很好的研究思路。

1.1.2.2 实践意义

目前,城镇化、生态环境问题、产业转型升级等,都是我国区域经济的大热词汇,关系着整体经济的持续健康发展。而这些热点问题,理应从本质上归结为众多各具特色、差异化的微观企业的经营决策与行为;同时,这些热点问题又构成了微观企业主体的经营环境,影响着企业决策与行为。因此,分析这些问题既需研究视角和思想观念的创新,也亟待研究方法、技术与工具的变革。

空间经济学学科理论体系的巨大开放性、对现实世界的强大解释力、总体政策含义的无比丰富性,以及异质性企业建模技术的日益成熟,为基于微观视角来研究中国复杂的宏观经济问题提供了一个强有力的武器或工具。本书基于空间经济学模型框架和异质性企业建模技术,通过异质性企业区位选择这一主线,利用理论建模和实证检验等方法考察异质性企业空间选择的内在机理与效应,从企业微观视角为我国现阶段经济发展中的城镇化、生态环境、区域协调等问题提供新的理论诠释和政策指导。

1.2 研究内容和框架

1.2.1 研究内容

本书的研究共包括 7 章内容。

第 1 章是绪论部分,是对本书整体情况的一个基本介绍,包括研究问题的提出、研究目的和意义、主要研究内容、研究方法和整体框架,以及本书可能的创新之处。

第1章 绪 论

第2章是对现有文献的一个综述和评述。本书将从异质性企业区位选择的理论基础、异质性企业空间选择与均衡区位的影响因素、异质性企业区位选择与企业生产率及其分布、企业异质性对空间区位均衡的影响、异质性企业假设下的最优化问题以及企业异质性区位选择的福利效应这六个部分进行分类介绍,并进行相应的评述。本章的研究主要是对异质性企业区位选择的相关前沿研究与新近进展进行一个概述,以便对这方面的研究文献有一个较好的了解与把握。

第3章是本书的概念界定与区位选择理论的回顾。在本书中,核心的问题是区位和企业异质性,因此在概念界定部分本书将结合研究范畴对这两个名词进行定义和限定。同时,本书将企业区位选择理论分为两个部分:传统区位选择理论和空间经济学框架下的企业区位选择理论。其中,空间经济学框架下的企业区位理论又分为企业同质性假设和异质性假设。特别地,由于异质性企业假设下的企业区位选择理论现在处于起步阶段,对异质性企业的差异化区位选择机理及其效应仍处于理论探索阶段,因此,对这部分文献的归纳与梳理,将有助于理解下文的研究内容。

第4章、第5章和第6章是本书的研究主体。对于异质性企业区位选择而言,本身会受到多种因素的影响,进而导致不同的区位选择结果,产生不同的区位选择效应。因此,不可能考虑到所有的情形,也不可能考虑到所有的影响因素。在第3章异质性企业区位选择模型框架和基本机理的基础上,第4章、第5章和第6章分别在环境规制情形、知识溢出情形、地区竞争情形下,考察了异质性企业区位选择的内生机制,以及分别对应的环境污染效应、城镇化效应、政策协调效应。具体来讲,在第4章中,本书将基于FCVL模型框架考察环境规制政策下的异质性企业区位选择机理以及相应的环境污染效应,并利用我国工业制造行业的面板数据对理论模型得到的结论进行实证检验。第5章将建立一个异质性企业市场进入与劳动力流动内生决定的空间经济学理论模型,考察知识溢出和城市技术比较优势对异质性劳动力流动的影响。第6章将构建大城市企业生产率溢价的概念框架,考察选择效应、分类效应、集聚效应与竞争效应将如何导致城市间异质性企业生产率分布差异;同时,基于1998~2007年规模以上工业企业数据,实证解答中国大城市的企业生产率溢价之谜。

第 7 章是本书的结论和政策建议部分,将对本书的整体研究进行一个总结性评述,并给出相应的具体的政策建议。此外,还包括本书研究存在的不足和进一步的研究方向。

1.2.2 研究框架

本书的内容架构如图 1.1 所示:

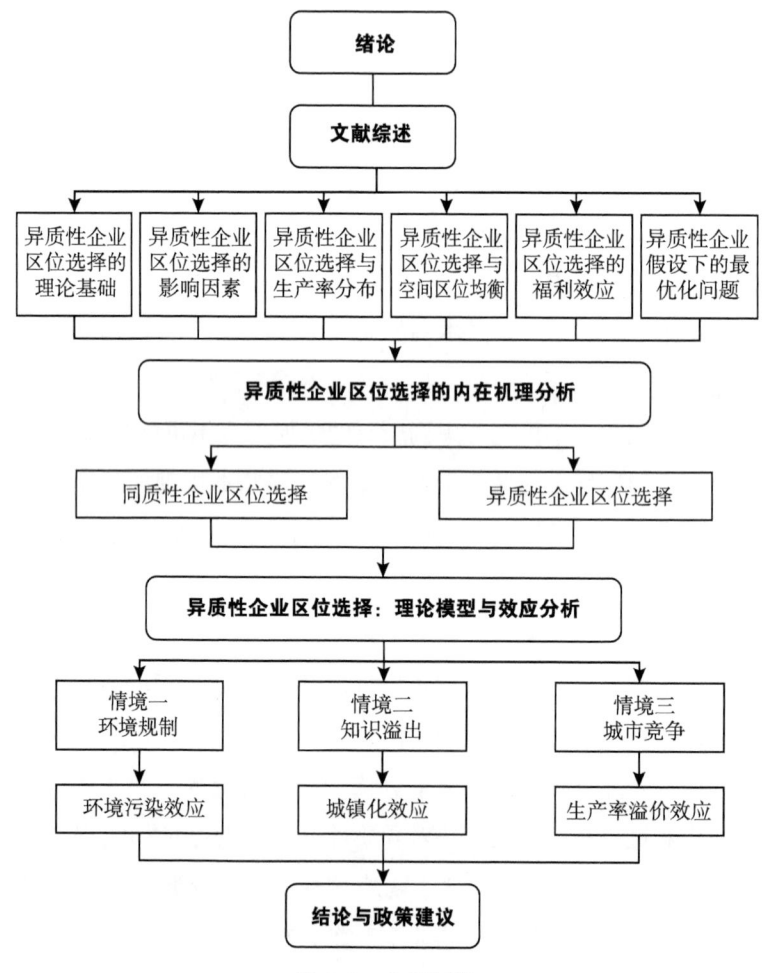

图 1.1　本书框架

1.3 研究方法和创新

1.3.1 研究方法

图 1.2 是本书异质性企业区位选择的理论框架，揭示了本书核心章节的研究内容与方法。

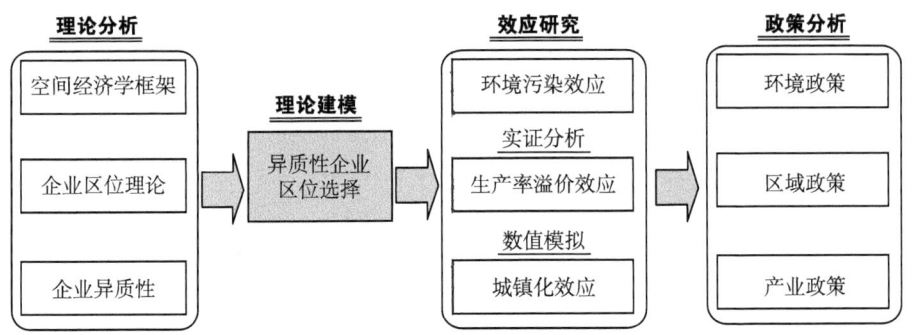

图 1.2　异质性企业区位选择：模型、效应与政策

从整体来讲，本书的研究主要包括理论分析、数理建模、效应研究和政策分析这几大块，利用理论归纳分析、数理推导和实证分析等工具方法来揭示异质性企业区位选择的内在作用机理及其相应的效应。

本书的研究方法主要包括：

（1）理论分析。

对于异质性企业区位选择而言，目前的研究仍处于起步阶段，和同质性假设下的企业区位选择机理和均衡结果有明显的不同。那么异质性企业区位选择机制和基本效应会有哪些不同？本书对这一问题进行了对比分析，归纳汇总并引入了企业异质性假设的企业区位选择均衡结论的差异，包括转移企业的生产份额、集聚程度、转移企业的生产率、本地市场效应、突发性集聚特征、突破点、持续点等。

（2）数理模型。

在本书中，分别基于环境规制情形、知识溢出情形和地区竞争情形，构建了异质性企业区位选择理论模型，考察不同影响因素对异质性企业区位选择的影响机理。在环境规制情形下，将建模分析异质性企业区位选择产生的环境污染效应；在知识溢出情形下，将考察异质性企业区位选择产生的城镇化效应。

（3）实证研究。

为了考察异质性企业区位选择产生的相应效应，针对理论模型得到的研究结论利用我国的经验数据进行了实证检验。对于环境规制下的异质性企业区位选择，利用工业制造行业的面板数据考察了环境污染效应；对于大城市的企业生产率溢价效应，基于1998~2007年规模以上工业企业数据实证检验了选择效应、分类效应、集聚效应和竞争效应对城市生产率溢价的影响。

（4）数值模拟。

在空间经济学理论模型中，由于模型显性解或封闭解难以求出，数值模拟是一个常见的替代方法。在本书的三个核心章节中，本书都用到了数值模拟方法。例如，在第4章中，就数值模拟得出居民消费额、总支出份额和贸易自由度的关系；第5章在研究异质性劳动力流动的影响因素时，也用数值模拟方法得出了异质性劳动力的工资、房租。

1.3.2 可能的创新之处

本书的研究方向属于学科前沿，本书试图在现有文献的基础上，做出某些改进或补充，用来解释和指导我国区域、产业与城镇化的具体实践。本书可能的创新之处体现在：

（1）尝试解决空间经济学理论建模时的"空间维度"难题。

在20多年的发展中，空间经济学将空间维度纳入一般均衡分析框架，解决了经济理论无空间维度这一弊病（Krugman，1991；Fujita et al.，1999），相对而言较为吻合现实情形。这种空间处理技术，是将南部与北部地区视为两个点，点内部没有维度，因此被称为"伪空间"（Stelder，2005；Bosker，2007）。但仅仅关注两个点将会忽略经济活动在空间上的丰富性，并会导致实证研究受到一定的局限。在本书的第5章中，本书将建立具有连续内部空间的城市模型，考察异质性企业区位选择的内生机理以及城镇化效应。这既不同于城市经济理论中AMM式单中心土地利用模型，更不同于两点空间框架下的空间经济学模型，是对现有处理空间维度的建模方法和技术的一个较大改进。

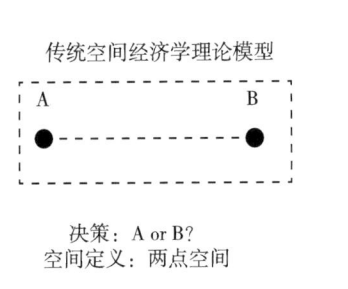
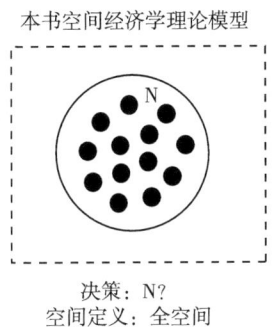

图1.3 "空间维度"的拓展

（2）创建了全新的变量测算方法与探索性的指标。

目前，空间经济学实证研究远远滞后于理论研究，这主要归结于空间经济学模型系统的复杂性、代表变量选取与变量测算方法的困难性。在研究异质性企业区位选择及其效应时，贸易自由度是一个非常关键的变量。在实证研究中，对这一变量的度量更多的是考察"国家—国家"匹配数据，而我国国内省级贸易数据由于非常难以获得，目前常见的方法有投入产出表分析法（范剑勇，2012；石敏俊，2012）以及车行波等（2009）利用金税工程中增值税发票信息的计算方法。但前者不直观，并且不是连续年度的数据，而后者的数据则非常难以获得。因此，本书在Novy（2006）的贸易成本测算方法上，结合我国《中国交通年鉴》"国家铁路行政区域间货物交流"等数据计算出了我国国内省级贸易成本数据。通过对比分析和稳健性分析，本书对这一重要变量的测算结果较为准确，可以用于空间经济学经验研究其他主题。

(3) 构建了兼具拓展性与创新性的异质性企业区位选择系列模型。

在本书中，为了考察不同情形下异质性企业区位选择内在机理以及产生的相应效应，本书构建了异质性企业区位选择系列模型，分别为环境规制情形下的异质性企业区位选择模型、知识溢出情形下的异质性企业区位选择模型和地区竞争情形下的异质性企业区位选择模型。这三个模型具有较好的拓展性，可以用于研究其他问题，或为其他研究选题提供思路。例如，地区环境规制下的理论模型可以用于考察税收竞争、财政转移支付、地方债务等问题。

同时，本书的异质性企业区位选择系列模型是对现有文献的较大改进。例如，本书第5章中知识溢出情形下的理论模型，从劳动力区位、企业市场进入和城市发展这三者内生的视角来考察城镇化问题，这在现有文献中几乎无人涉及。此外，第4章中将企业异质性引入到环境规制下的区位模型中，并同时考察企业特定（Firm-specific）的环境规制税，是对现有文献的一个极大改进和有益补充。

第 2 章 文献综述

空间经济学是 21 世纪经济学最激动人心的领域,是当代经济学对人类最伟大的贡献之一,也是多学科的融合与创新(梁琦,2007)。以 1991 年克鲁格曼创建经典的"中心—外围"模型为起点,空间经济学发展至今已有 20 多年的历史,试图把主流经济学长期忽视的空间因素纳入一般均衡理论的分析框架中,研究经济活动的空间分布规律,解释空间集聚现象的原因、内在机理和效应。但空间经济学传统模型中企业同质性假设的给定,使得空间经济学的模型结论出现了与现实不符或难以解释实践的现象:突发性集聚的不存在、企业生产率差异带来的选择效应与分类效应、异质性企业与城市层级的匹配,等等。这些都难以用企业同质性框架下的空间经济学理论来解释。

而在另一研究领域,Melitz(2003)开创的异质性企业贸易理论引发了主流经济学研究的异质性企业革命。尽管大量的实证研究都表明,企业在规模、生产率、贸易行为等诸多方面普遍存在极大的差异(Bernard et al.,2003;Helpman et al.,2004),但 Melitz(2003)之前,鲜有文献从建模技术层面真正解决企业异质性的刻画难题。异质性企业贸易理论为研究异质性企业提供了一个非常好的分析框架,也为空间经济学研究区位问题提供了很好的启发意义。此后,Baldwin 和 Okubo(2006)将 Melitz(2003)的异质性企业假设引入到自由资本模型(FC)中,开启了异质性企业区位选择问题的研究热潮。近年来,有关异质性企业区位选择问题的研究取得了一定进展,可以概括为异质性企业区位选择的理论基础、异质性企业空间选择与均衡区位的影响因素、异质性企业区位选择与企业生产率及其分布、企业异质性对空间区位均衡的影响、异质性企业假设下的最优化问题以及企业异质性区位选择的福利效应这几个方面。

2.1 异质性企业空间选择的理论基础

2.1.1 空间经济学理论模型

新经济地理学是在 Dixit-Stiglitz 的垄断竞争模型，Either（1982）的外部、内部规模报酬递增模型，Krugman（1991）的中心—外围模型（Core - Periphery Model）的基础发展起来的。消费者的偏好——工业品集合和农产品的消费，用 Cobb-Douglas 效用函数来表示；多样化的工业品组合的消费，用不变替代弹性（CES）效用函数来表示，并假设存在"冰山"交易成本。此后，由于 CP 模型存在很多与实际不太相符的假定，许多学者对这一模型进行了拓展。现有空间经济学模型根据其分析框架和技术，可以分为 DCI 框架和 OTT 框架以及本书将要研究的异质性企业框架。

2.1.1.1 DCI 框架

早期的空间经济学模型从克鲁格曼的 CP 模型开始，都依赖 D-S 垄断竞争的一般均衡分析框架、冰山交易技术、演进与计算机模拟技术，因此这类模型又称为 DCI 框架模型。CP 模型清晰地揭示交易成本、要素流动和产业集聚之间的内在联系，但其分析技术为计算机数值模拟，降低了模型的可操作性。这主要的原因在于企业区位或劳动力区位并不能显性地表示为经济活动空间分布的函数形式。Martin 和 Roges（1995）修正了 CP 模型的一些假设：流动要素把所有收入返回到要素原来的所在地，建立了自由资本模型（Footloose Capital Model，FC），也被称为松脚模型，解释了经济活动的集聚进一步强化经济活动集聚的趋势，并可以用于分析区域市场规模和非对称交易成本等外生性非对称问题。此后，Forslid（1999）和 Ottaviano（2001）建立了自由企业家模型（Footloose Entrepreneur Model，FE），考察了人力资本或企业家自由流动的情形；Baldwin（1999）引入资本创造、资本折旧和厂商理性预期等因素，构建了资本创造模型（Constructed Capital Model，CC）。CP、FC、FE 和 CC 等模型，关注的都是产业空间布局的长期均衡问题，并没有考察地区的经济增长问题。Martin 和 Ottaviano（1999）则首次把内生经济增长引入到空间经济学模型中，建立世界溢出模型（Global Spillover Model，GS）；Baldwin 等（2001）在 GS 模型的基础上，把溢出效应和空间有效结合起来，创建了地区溢出模型（Local Spillover Model，LS），考察了溢出效应对经济活动空间分布的影响以及对内生经济增长率的影响。此外，为了强调企业间的投入产出关联，Krugman 和 Venables（1995）与 Fujita 和 Krugman（1999）提出了中心—外围的垂直联系模型（Core-Periphery Vertical Linkage Model，CPVL），Robert-Nicoud（2002）提出了自由资本的垂直联系模型（Footloose Capital Vertical Linkage Model，FCVL），以及 Ottaviano（2002）提出了自由企业家的垂直联系模型（Footloose Entrepreneur Vertical Linkage Model，FEVL）。

2.1.1.2 OTT 框架

由于 DCI 框架在模型的解析能力方面的缺陷，许多学者试图在模型特征的丰富程度和解析性方面寻求一种新的平衡，其中经典的是 Ottaviano、Tabuchi 和 Thisse（2002）提出的线性模型，即 OTT 框架。和 DCI 框架下空间经济学模型相比，线性模型具有完全的解析能力，包括内生变量的显性解等，并且还具有一些新的模型特征。在模型建构方面，用准线性二次效用函数来代替原来的 CD 型和 CES 型效用函数，并且用线性运输成本取代"冰山"交易成本。同时，OTT 框架下的线性模型引入了 DCI 框架没有考虑的企业预期作用。将这一分析框架运用于 FC 模型、FE 模型，则形成了线性 FC 模型和线性 FE 模型。

2.1.2 异质性贸易理论

2.1.2.1 异质性企业、进出口决策与生产率悖论

Melitz（2003）最早对异质性企业进出口与生产率间的关系进行了研究。根据 Melitz（2003）的观点，每个企业只生产一种产品。利润最大化一阶条件可以得到边际加成定价。由于存在"冰山"运输成本和出口市场进入的滩头成本（beachhead cost），企业需要支付固定成本才能进入出口市场，这意味着存在一个出口生产率水平的临界值，低于这一生产率水平的企业会退出出口市场。根据 Melitz（2003），高生产率的企业选择出口，中等生产率的企业服务本国市场，而低生产率的企业则退出市场。此后，大量的文献对这一结论进行了实证检验，大都证实了这一结论。

2.1.2.2 国际贸易与生产率溢价

最近，许多文献就异质性企业进出口决策的影响因素进行了进一步的研究。Bernard 等（2007）发现，进口企业相对于出口企业而言，TFP 溢价更高。此后，大多数研究都发现，双向贸易商（two-way traders）相对于只进口或只出口的企业而言，平均生产率更高（Muuls and Pisu, 2009; Castellani et al., 2010; Altomonte and Békés, 2009; McCann, 2009）。Smeets 和 Warzynski（2013）则进一步对"双向贸易商、进口型企业、出口型企业"这三类企业的生产率水平进行了对比：利用 1999~2006 年丹麦工业企业—产品层面的面板数据，包括所有生产、进口和出口产品的收入和数量，Smeets 和 Warzynski（2013）发现只进口的企业有较大的生产率溢价，只出口的企业不存在生产率溢价，而那些同时出口和进口的企业的生产率溢价最大。

另外一种观点是出口企业的生产率并未明显高于非出口企业，即"生产率悖论"现象。Lu 等（2010）利用 1998~2005 年中国规模以上工业企业的数据，发现出口类型子公司的生产率比非出口类型子公司的要低。中国也有学者

发现了出口贸易中的"生产率悖论"。刘振兴、金祥荣（2011）通过实证发现，中国出口企业在生产率上高于非出口企业并不是普遍性事实：外资出口企业并不优于非出口企业，出口企业更优秀的结论只适用于内资企业而不适用于外资企业，并且出口强度很高的加工贸易出口企业也并不比非出口企业更优秀。赵伟、赵金亮（2011）发现，中国总体企业生产率和出口倾向之间存在潜在的倒"U"型关系。对于生产率悖论产生的原因，现有研究可以归纳为以下几点：加工贸易占比过高（李春顶、尹翔硕，2009）、国内贸易成本的增加（汤二子、刘海洋，2011）、市场体系不完善（张礼卿、孙俊新，2010）、企业定价异质性（Smeets and Warzynski，2013）等。

2.1.2.3 异质性企业特征与国际贸易

现实中存在这样的事实：一些企业根本不出口，大多数出口企业仅仅在海外销售少量的商品。针对这一现象，早期的文献从理论和实证两方面同时强调了特定企业作用。许多文献研究了企业是否出口（Chaney，2008）或出口多少（Arkolakis，2010）。事实上，除了企业生产率会影响进出口活动以外，企业自身其他特征也会对后者产生影响，包括企业规模、资本密集度、贸易类型等：①企业规模。任何时间点上大量的出口是由相对较多的小企业完成的（Bernard et al.，2007）。针对这一现象，早期的文献从理论和实证两方面同时强调了特定企业作用。许多文献研究了企业是否出口（Chaney，2008）或出口多少（Arkolakis，2010）。Evens（2012）对 Melitz（2003）模型进行了拓展，剔除了边境效应并引入了距离效应，很好地解释了大型工业企业比小型企业出口更多的这一现象。和垄断竞争范式不同，Neary（2010）与 Bekkers 和 Francois（2008）建立了异质性企业模型来描述大企业间的相互作用。Di Giovanni 和 Levchenko（2013）发现，由于企业规模分布服从齐普夫法则，因此小企业相对而言没有那么重要。②资本密集度。企业资本密集度和运输成本具有很强的相关性，因此资本密集度越高的企业由于运输成本较低，出口份额越高。Forsild 和 Okubo（2011）对日本制造业企业的数据进行实证检验发现，绝大多数企业的实证结论都支持这一结论。③贸易类型。也有学者分析了异质性企业的"随带贸易"(carry-along trade)问题,发现高生产率企业生产的产品种类更多,占据了市场中销售的产品的大多数;而低生产率企业生产的产品种类较少,更倾向于向附近企业购买(Bernard et al.,2012)。此外,Ardelean和Lugovskyy(2009)从理论和实证两个方面证实国内生产率水平很大程度上影响了对国外多样化产品的需求。

2.1.2.4 贸易环境与异质性企业特征

这类文献重点分析了当贸易环境改变后企业特征的变化,后者包括企业生产率、技术创新、提供的产品种类与数量、定价行为等。作为贸易环境中一个重要的组成部分,贸易政策对异质性企业的影响至关重要。Pavnik(2002)在考察智利推行的贸易自由化政策时发现,智利推行贸易自由化后约有1/3的生产效率的提升是由于企业内部生产效率的提高所引致。Bustos(2011)与Lilleva和Trefler(2012)的研究也相继证实了贸易自由化政策导致的新进厂商进入市场行为会引致技术创新行为。Baldwin和Gu(2009)与Bernard等(2011)发现加美自由贸易协定(CUSFTA)的签订,带来了加拿大和美国两国国内企业生产规模的有效调整。除此之外,Levinsohn(1993)和Harrison(1994)还发现贸易自由化政策促进了土耳其和科特迪瓦的国内市场竞争度,这里的市场竞争度是通过产品的成本利润率的降低衡量的。类似地,De Loecker和Warzynski(2012)也发现了出口企业和非出口企业在产品定价的成本利润率上的区别。Emmanuelle等(2013)通过实证检验发现,低关税投入会促使高生产率企业出口额的增加,但这一增加是以低生产率企业出口额的减少为代价的。

异质性企业特征除了受到贸易政策的影响以外,还受到其他因素的影响,包括经济周期、市场波动等。Ottaviano(2011)通过模型发现,不论是经济上升期还是衰退期,市场上的新进入者与退出者都要比在位者的生产率低。Vannoorenberghe(2011)则说明了,出口份额较大的企业,其国内市场上销售份额波动较大,而出口市场上销售份额波动较小。此外,Blonigen等(2012)建立了跨国并购的动态面板模型,实证分析发现,有众多出口网店的企业更易受到国外并购企业的关注。

2.1.3　异质性企业建模技术

在异质性企业贸易理论之前，空间经济学在建模时都假设企业是相似的，尽管称之为简化模型的需要，但更多透露的是对异质性企业特征刻画的技术手段上的无奈。没有任何两家企业是相同的：企业间普遍存在着生产率、规模、市场力量（market power）等显著差异。因此在空间范围内，企业的区位选择行为也可能会有所不同。正是基于这样的考虑，异质性企业假设被空间经济学研究者引入到新经济地理学的分析框架中。早期引入微观异质性的新经济地理文献，更多的是考察异质性企业假设在多大程度上影响新经济地理学模型的核心结论和特征，仍然带有明显的 Melitz（2003）的贸易痕迹，通过求出几个关键的临界值来判断企业生产率各个区间的企业的区位选择、国际分工模式与集聚问题，例如 Bernard 等（2007）。也有文献考察了集聚经济下企业出口行为与企业生产率的内生机制，例如 Ederington 和 McCalman（2008）。

Baldwin 和 Okubo（2006）将异质性企业的生产率分布设定为帕累托分布（pareto distribution），着重分析了存在集聚经济条件下，异质性企业如何进行区位选择，内在机制是什么，不仅从建模方面精妙地将企业异质性特征纳入新经济地理学一般均衡分析框架中，而且进一步将企业区位选择机制概括为选择效应和分类效应。目前主流文献对异质性企业生产率分布的建模处理，基本都遵循 Bladwin 和 Okubo（2006）的理论框架，这类文献包括 Nocke（2006）、Okubo 等（2008）、Okubo（2009）、Baldwin 和 Forslid（2010）、Okubo 和 Forslid（2010）等。

2.1.4　异质性偏好效用函数

对于 CES 效用函数而言，由于强大的可解析性，即利润最大化导致的边际成本加成定价法，在理论建模中被广泛使用，使得处理一般均衡问题中的不完全竞争和规模报酬递增问题得心应手。在空间经济学模型中，不论是CP、FC、FE、CC等模型采用的CD型和CES型双层效用函数，还是OTT框架下的准线性二次效用函数，消费者对产品种类偏好间的替代弹性都是固定不变的，这意味着消费者对产品的喜好缺乏灵活性（Zhelobodko et al., 2011）；产品价格和加成率不受市场竞争状况的影响，而经验证据却发现大市场的企业拥有较低的加成率（Syverson, 2007）；企业规模和消费市场无关；CES模型的许多结论在经验检验方面缺乏稳健性；等等。

新近，一篇文献在空间经济学研究框架下，尝试构建了可变替代弹性（Variable Elasticity of Substitution, VES）垄断竞争模型，包括Behrens和Murata（2007）、Bertoletti等（2008）、Barde（2008）、Zhelobodko等（2010）和Holmes等（2010），以改善CES框架下"产品偏好的对称性假设和随之产生的对不完全竞争市场策略性行为的不准确描述"等缺陷（Krugman, 1998）。其中，最典型的方法为Behrens和Murata（2007）提出的方法：针对CES效用函数核定存在的问题。Behrens和Murata（2007）对张伯伦垄断竞争模型大类（large group）提供了一个功能分离方法（functional separability approach）的一般性解决手段，通过效应函数最大化的一阶条件同样的求解过程，得到了不变和可变弹性这种情况。Behrens和Murata（2007）证明了，乘法拟可分离性（Multiplicatively Quasi-separable, MQS）和加法拟可分离性（Additively Quasi-separable, AQS）效用函数，分别导致CES和VES性质的出现。

2.2 异质性企业空间选择与均衡区位的影响因素

为什么会出现多样性空间选择模式？新近大量文献对这一问题进行了研究，主要考察运输规模经济和交通基础设施、贸易成本与贸易自由化、消费者异质性偏好、区域政策等因素将如何影响异质性企业的空间选择。

2.2.1 运输规模经济、交通基础设施与均衡区位

贸易和经济地理文献将贸易成本视为一个不变参数,可能与地理距离或其他因素成正比。然而,如 McCann（2005）指出的,这和区域经济中关于运费结构的大量实证文献是不相符的,后者发现运输部门存在距离经济和规模经济。大量文献将运输规模经济引入模型,发现此时的企业空间选择模式将不同：Behrens 等（2006）将运输部门的密度经济引入到了贸易和地理模型中,并揭示了这将可能导致多重均衡以及产业的突发性集聚。Behrens 和 Picard（2011）考察了运输成本内生时的企业的区位选择,发现回程（back-haul）问题会增加中心国的出口运费率,从而降低集聚的程度。Forslid 和 Okubo（2012, 2013）认为,大企业和高生产率企业的产品运输量大从而可以获得较低的运费率,因此运输成本相对不那么重要。此时,中等生产率的企业集聚于大地区的动力最强,甚至最低效的企业向中心迁移的动力也非常强,以寻求运输环节中的规模经济。这意味着,产业部门间不同的规模经济程度,将导致部门间不同的空间分类模式。此外,也有学者考察了运输成本的形状（Picard and Tabuchi, 2010）、城市内部交通运输设施的改善（Kanemot, 2013）对空间均衡结构的影响。

除了引入具有规模经济的运输部门以外,另一篇文献还考察了交通基础设施改善带来的运输成本的降低对企业区位的影响。Baldwin 等（2003）在 LS 模型基础上,考察了基础设施（包含交通）的改善对企业均衡区位的影响。Baldwin 等（2003）发现,有利于降低区内贸易成本与区际贸易成本的基础设施的改善,对空间均衡区位的影响各不同：前者会降低空间集中度,后者将提高空间集中度。也有文献考察了中心和外围间的交通基础设施的改善对空间均衡的影响。就大规模的交通基础设施投资通过连接大都市生产中心和偏远外围地区,带来的运输成本的降低,到底是导致产业与经济活动扩散到外围地区的一个推力,还是促进生产活动空间集聚的一个拉力,现有研究并没有形成共识。就外围和中心的交通基础设施的建设对产业空间区位的影响,主要有以下

几种观点：①会导致中心—外围效应的出现（Helpman and Krugman, 1985; Krugman, 1991; Fujita et al., 1999; Faber, 2013）；②会导致城镇化与产业分散现象的出现（Baum‐Snow et al., 2012）；③会导致产业空洞化的出现（Goldberg and Pavcnik, 2007; Topalova, 2010; Redding, 2012）。

2.2.2 贸易自由化、贸易成本与企业区位

贸易自由化会影响企业的市场进入成本、贸易成本等，进而影响企业区位决策。一般认为，贸易成本的降低，会促进企业在中心的集聚，不论是在国际层面（Ottaviano et al., 2002）还是在区域层面（Behrens and Robert‐Nicoud, 2011），许多研究文献也对这一问题进行了实证检验（Okubo and Tomiura, 2012; Demidova, Kee and Krishna, 2012）。

贸易成本降低或促进贸易成本降低的贸易政策一定会导致企业在中心的集聚吗？现有文献认为，这还与其他因素有关：①异质性企业自身特征。Okubo 等（2010）认为，尽管贸易成本的降低会促进高生产率企业集聚于大国以便更好地接近消费者池（pool of consumers），但对于高成本企业而言，为了规避市场竞争，会将区位选择于小国以寻求保护。然而，当国家或地区间的贸易壁垒下降，市场的空间分类不能成为高成本企业规避国外竞争的有效保护手段时，这些高成本企业也将选择在大市场投资设厂。也有学者给出了不同的观点：Forslid 和 Okubo（2013）认为，贸易自由化导致企业逐渐转移到中心，而最有效率的企业仍然留在外围。②比较优势。Finicelli（2013）从国际竞争层面考察了贸易政策对企业区位的影响。国际竞争中由比较优势驱动的选择效应，使得大国市场中一些高生产率的和很多低生产率的企业离开大国，而最高效率的小国企业将转移到大国。③中间产品。Hsu 和 Wang（2012）建立了一个贸易和集聚模型，同时引入中间产品和产成品的贸易。结论发现，当非熟练劳动力数量较少时，生产中间产品的企业其选择作用变得没那么重要，贸易自由化将会导致产业分散；当非熟练劳动力数量较大时，此时中间产品生产企业的选择效应变得非常重要，而贸易自由化会对产业集聚产生非单调的推动作

用；当非熟练劳动力中间投入的互补，在较大程度上影响了企业的选择效应时，此时贸易自由化的分散效应又会出现。

也有文献认为，贸易自由化促使企业选择在多个国家定位（Baldwin and Gu，2009；Bernard et al.，2011；Berthou and Fontagné，2013；Iacovone and Javorcik，2010；Mayer et al.，2011），因此从这个角度来讲，贸易自由化实际上导致了产业分散的出现。Amiti 和 Javorcik（2008）利用 1998~2001 年中国省级层面的 515 个产业数据，考察国外企业进入到中国的决定因素时发现，市场邻近和生产邻近而非贸易成本是影响国外企业进入中国市场的最主要的因素。Chen 和 Moore（2010）考察法国跨国企业后发现，更高效的法国企业更有可能投资于竞争相对激烈的东道国。投资固定成本较高或关税较低的国家，其生产率门槛较高，吸引的大部分为高生产率跨国公司。当控制企业和国家的非观测异质性，并解决潜在的 TFP 内生性问题之后，结果仍非常稳健。

2.2.3 消费者异质性偏好与企业区位选择

企业销售特征和用途不同的产品种类。一些企业销售的是消费者极其需要的，而另一些则是需求较少的。因此，从产品和消费者口味与偏好角度来讲，企业也是异质的。这种异质性在文献中被大量强调（Foster et al.，2008；Baldwin and Harrigan，2011；Fajgelbaum et al.，2011）。新近在国际贸易领域，消费者偏好或需求的异质性对国际贸易企业的影响已经得到了关注：Foster 等（2008）、Manova 和 Zhang（2009）与 Baldwin 和 Harrigan（2011）认为，贸易的产生更多的是由需求异质性而不是成本异质性导致的，这主要是因为出口产品的价值和需求程度都更高。Crozet 等（2012）也对这一问题进行了考察，发现香槟和勃艮第酒大量出口到许多地区；如果酒类品尝者的评级较高，则会以较高的价格出售。从这层意义上来看，企业会对产品质量梯度的活动进行重组，以应对贸易一体化的影响，这说明了产品质量在企业战略中的重要性（Kluger and Verhoogen，2009）。关于产品质量和国家贸易的讨论，不同的地区和城市出口不同质量和附加值的产品；而异质性偏好和需求也可能对企业区位选择有影响，理当可以拓展到区域经济中企业区位选择问题。

产品特征对企业区位的影响在商务经济中研究得较多。Porter（1990）分析了产业集聚和产品复杂程度间的关系，他给出了一些具体的例子来说明企业在大市场销售的产品附加值更高，并选择在这些地区聚集。例如，1818年，科尼希（Koenig）和鲍尔（Bauer）从英国伦敦重新回到德国巴伐利亚，建立生产其创新产品轮转印刷机的工厂，其主要原因是巴伐利亚当时是世界上印刷机最大的市场。其他德国的高质量印刷机生产企业也跟随科尼希和鲍尔的脚步，搬到了巴伐利亚，将后者建设成为了世界印刷机行业规模最大、精细程度最高的地区。类似地，"二战"以后，私人监控设备行业在美国集聚，这也是因为当时美国许多富有的私人医院相对于欧洲国家而言，对精细化监控设备的需求更大。20世纪90年代，机器人产业在日本集聚，则源于日本管理团队对企业生产的智能化需求更强烈。这些例子表明，大市场不仅吸引的企业较多，而且吸引的是最成功的企业。Berry和Waldfogel（2010）发现在新闻和餐饮行业，大市场吸引的厂商其产品质量更高。

在新经济地理学领域，新近有两篇文献考察了需求异质性对企业区位的影响：Picard和Okubo（2012）建立了一个企业销售异质性需求的产品种类的新经济地理模型。结论发现：销售需求量较大的产品的企业会选择将工厂建立于大国，这样可以为需求最频繁、最优价值的产品提供更好的服务。最终，空间均衡区位取决于产品需求强度分布的偏度。Picard和Okubo（2012）还考察了需求的这种异质性相对于传统NEG模型均衡区位的影响：在FC模型框架下，需求异质性将降低投资于大国的资本总量；在CP模型框架下，需求异质性可以消除企业区位选择模式中的突发性集聚现象，并导致工人的不对称分布，而不是对称分布或在某一地区的完全集聚。进一步地，Picard（2012）建立了一个质量增强（quality-augmented）模型，考察了产品质量选择对贸易以及企业区位的影响。在这一模型中，消费者对差异化产品集的质量有异质性偏好。在FC模型框架下，Picard（2012）发现规模较大的地区生产高质量的产品，并且当地区规模的非对称性与贸易成本更大时，地区的质量差距会增加。最后，当企业可以自由选择产品质量时，HME将会减弱。

2.2.4 区域政策与企业区位选择

促进外围发展的区域政策会吸引企业迁入么？吸引的企业到底是高生产率还是低生产率的企业？这一问题在新经济地理学领域得到了较多的研究，考察产业转移政策、补贴政策、税收竞争政策等对企业区位选择的影响。其中，税收竞争政策的研究相对较多。

Baldwin 和 Okubo（2006）最早在新经济地理学框架下对这一问题进行了研究：将企业异质性引入了经济地理模型，并论证了区域政策可促进外围地区发展。在这一过程中，外围地区将吸引中心地区的高生产率企业的转移。但 Thia（2008）认为，现实中资本很少从中心地区转移到外围地区。就外围地区是否通过政策优惠来吸引高生产率的企业以实现赶超，Okubo 和 Tomiura（2012）利用日本产业转移政策活跃期所有地区的企业层面数据，基于企业层面的回归分析和倾向分数匹配法（propensity-score matching），通过比较产业转移政策前后该地区的企业生产率分布，发现被吸引到迁入地的为低生产率企业。Martin 等（2011）则发现，法国产业集群政策对企业生产率并没有明显的作用。Bernini 和 Pellegrini（2011）也得到了意大利的补贴政策并没有吸引到高生产率的企业这一研究结论。

在税收政策方面，地区间的竞争政策是否会对异质性企业区位有影响，现有研究并没有达成共识。Behrens 等（2007）在 VES 效应函数、垄断竞争企业和分割市场的前提下，发现在消费地原则下，一国税率的增加通常会导致部分企业迁移到他国。Behrens 等（2009）在生产地原则（origin principles）下，也发现税收竞争将导致经济活动的均匀分布，即部分企业从高税率地区迁移到低税率地区。Baldwin 和 Okubo（2009）将异质性企业假设引入标准的国际税收模型，考察了税收竞争情形下的异质性企业区位选择。结论发现，税收竞争确实导致了企业区位再选择，并且更有可能进行区位再选择的是大企业，以规避高税收。但 Duranton 等（2011）则得到不同的结论：在控制了企业的非观测异质性、工厂的时序变化（time-varying）的非观测固定效应以及本地税收内生性问题之后，Duranton 等（2011）利用英国制造业企业数据进行了实证检验，结论发现本地税收并不会对企业区位有影响。Razin 和 Sadka（2011）则证明，税收竞争政策对企业区位的影响，还应该考虑移民的作用，后者会影响地区的税率制定。例如，当大量东道国面临向上的移民供给时，财政外部性的存在，使得税收竞争下的劳动力和资本收入税率将会高于税收协调时的税率。

2.2.5 环境政策与企业区位选择

环境污染具有明显的空间地域性，产业转移中企业或资本的区位转移，往往会伴随着环境污染的空间转移（Brakman et al., 2009）。很多文献论证了"污染天堂假说"（pollution haven hypothesis）是否成立，即企业区位选择与环境规制政策是否关联。

表 2.1　污染天堂假说的相关研究

理论研究		
Jeppesen 等（2002），List 等（2003），Cole 和 Elliott（2005）		成立
Eskeland 和 Harrison（2003），Javorcik 和 Wei（2004）		不成立
McConnell 和 Schwab（1990），Friedman 等（1992），Levinson（1996）		不明显
Dean 等（2009）		混合结果
经验证据		
Grehter 和 Melo（2003）	1981~1998 年 52 个国家的 5 个重污染行业	不成立
List 和 Co（2000）	中国内向型 FDI	成立
Wang 和 Wheeler（2000）	美国外资企业	成立
Ljungwa 和 Linde-Rahr（2005），Dean 等（2004）	中国分地区数据	地区差异
Wagner 和 Timmins（2009）	德国污染密集型产业（控制集聚经济变量后）	成立
Mulatu 等（2010）	欧盟成员国	地区差异

理论研究和经验证据都缺乏有力证据支撑"污染天堂假说"的成立，发达国家污染密集型产业并不一定会污染天堂转移（Grossman and Krueger，1993；Cole and Elliott，2003a）。Antweiler等（2001）将这归因于污染密集型产业的区位选择，在受到污染天堂政策优惠的同时，还会受到传统的要素禀赋条件的影响。具体来讲，污染密集型产业大多也是资本密集型产业，而环境规制严格的地区正好资本禀赋充裕，因此这种国家层面的比较优势会阻碍污染密集型产业的区位转移（Antweiler et al.，2001；Cole and Elliott，2003b；Cole and Elliott，2005）。更有意思的是，Ederingtong 和 Minier（2003）与 Levinson 和 Taylor（2008）发现，环境规制可以充当次级贸易壁垒（secondary trade barriers）的作用，用以保护本国产业，因此不会发生发达国家污染密集型产业向污染天堂的转移。Ederington等（2005）从三个方面进行了解释：当今贸易的主体是发达国家，制定的环境规制政策严格程度类似；同时，对大多数行业而言，环境规制仅构成了总成本的很小一部分；更重要的是，尽管部分企业流动性（footloose）较强，但那些运输成本和工厂固定成本较高、集聚经济效应更明显的企业则倾向于不进行区位转移。

2.3 异质性企业空间选择与企业生产率及其分布

2.3.1 异质性企业空间选择与企业生产率

早在马歇尔的《经济学原理》一书的第四篇"生产要素——土地、劳动、资本和组织"中，他就提出了专门工业集中于特定的地方的原因，后人将其归纳为知识溢出、劳动力池与中间品投入，这被称为集聚的三大源泉。现实中人们发现，中心地区的企业生产率平均水平一般较高（Rosenthal and Strange，2004，2005；Head and Mayer，2004；Redding and Venables，2004；Amiti and Cameron, 2007; Redding and Sturm, 2008; Melo et al., 2009; Carrère et al., 2009; Puga, 2010)。最初，人们将中心地区企业生产率溢价的原因归结于集聚外部性，但现实存在的企业区位自选择现象，使得研究者开始思考这样一个问题：中心地区的企业生产率均值更高，到底是中心地区通过集聚外部性对企业生产率的促进引起的，还是高生产率企业主动选择中心地区导致的？这构成了企业区位选择理论的一个经典的"鸡生蛋、蛋生鸡"因果困境（chicken or egg causality dilemma)。近年来，对这一现象的解释可以归纳为以下三个方面：①集聚效应。集聚带来的正外部性、知识溢出可以促进企业规模经济的利用，从而提高企业生产率（Saito and Gopinath, 2009; Combes et al., 2009, 2012; Greenstone, Hornbeck, and Moretti, 2010)。②选择效应。中心地区是优质生产要素的集聚（梁琦，2004，2009)，而高生产率企业作为更高效率的要素组织载体，会更加倾向于追寻优质要素，从而实现高生产率企业向中心地区的转移与集聚（Berry and Glaeser, 2005; Bacolod, Blum and Strange, 2009; Lee, 2010)。但也有学者得到双边选择效应（Two-sided Selection Effect)，即中心地区的高生产率企业也会选择外围地区：Forslid 和 Okubo（2013）就得出了"中等生产率水平的企业选择中心地区，生产率分布两端的企业则留在外围"的结论。③分类效应。中心地区的竞争程度更加激烈，从而迫使低生产率企业将不得不向外围转移以逃避激烈的竞争（Baldwin and Okubo, 2006; Foster, Haltiwanger, and Syverson, 2008; Del Gatto et al., 2008; Behrens and Robert-Nicoud, 2009; Okubo and Tomiura, 2010; Okubo and Forslid, 2010）。但大量文献也发现了双边分类效应（Two-sided Sorting Effect）的存在，即较低生产率也即较低资本密集度的企业，也将迁移到中心地区。Glaeser 和 Kahn（2004）与 Au 和 Henderson（2005）就通过实证研究证明，大市场不一定吸引高效率企业，有可能吸引更低效率的企业。Okubo 和 Forslid（2010）利用日本的区域和部门生产率分布的微观数据进行实证检验后发现，双边分类效应在资本密集度较高的部门体现得较为明显。事实上，中心地区可以提供更大的本地需求，同样可以容许异质性企业提供更多差异化产品而生存。许多小规模的供应商，尽管生产率较低，通过高生产率的最终装配企业提供定制化、高标准的投入品而紧密围绕在后者的周围（Combes, Duranton and

Gobillon, 2008; Combes et al., 2009; Okubo and Forslid, 2010)。最近，Combes 等 (2012) 基于法国企业层面数据，利用分位数回归方法，考察了集聚效应和选择效应对法国城市中企业生产率溢价的影响程度，发现生产率溢价的主要源泉是集聚效应，但选择效应对某些细分部门也是很重要的。

2.3.2 异质性企业空间选择与生产率分布

在对异质性企业区位选择效应进行实证检验时，由于现代企业商业模式的多样性，实证研究中很难获得单个企业区位再选择或迁移行为的数据。一个可行的替代方法是，将企业异质性视为生产率差异，通过分析地区的企业生产率分布的变化，来考察区域整体的企业区位选择的变化情况。

根据现有理论，异质性企业区位选择过程中会存在集聚效应、选择效应和分类效应，对企业生产率分布的影响各不相同，会导致后者的二阶矩和三阶矩发生变化。①集聚效应的影响。在中心地区，集聚外部性一般对所有企业都有积极的推动作用，促进整体生产率的提升，这意味着生产率分布的整体上移（upward shift）。②选择效应的影响。选择效应使得外围地区更高生产率的企业迁移到中心，导致外围地区企业生产率分布呈正偏态（positive skewness）或右端截断（truncated from above），而中心地区的企业生产率分布呈负偏态（positive skewness）。这一结果后来也被大量的实证文献证实（Asplund and Nocke, 2006; Del Gatto et al., 2008; Mayer, 2012）。Finicelli (2013) 就发现，贸易自由化使得小国最有效率的企业转移到大国，使得大国市场内的企业平均生产率不断提高，得到了小国最有效率企业的"额外的帮助"（extra helping）。这对生产率分布的方差的影响是：中心地区方差扩大，外围地区方差降低。③分类效应的影响。分类效应意味着中心地区生产率分布的左侧被截断，即竞争导致较低生产率的企业被迫离开中心地区，使得中心地区企业生产率分布呈负偏态（negative skewness），且有较低的方差。但当双边分类效应存在时，中心地区企业生产率分布的方差将更大（Del Gatto et al., 2006; Syverson, 2007; Foster et al., 2008）。

2.4 企业异质性空间选择对空间区位均衡的影响

在传统的空间经济学理论模型中,企业同质性假设下理论模型将得到本地市场效应、循环累积因果链、内生的非对称性、突发性集聚、区位路径依赖、"驼峰状"聚集租、预期的自我实现等特征(Fujita et al., 199; Baldwin et al., 2003),通过企业区位选择最终达到空间区位均衡。垄断竞争和可变加成假设下异质性企业特征的引入,将如何影响集聚力、分散力和区位均衡呢?现有文献从理论模型视角对这一问题进行了对比分析。

就企业异质性对空间区位均衡的影响的现有研究,落脚点的不同在于企业的异质性是在区位选择之前还是之后给定的。其中,选择模型重点考察了事前(ex ante)的异质性行为主体如何通过自我选择进入规模不同的区位(Nocke, 2006; Baldwin and Okubo, 2006; Davis, 2010; Okubo, Picard and Thisse, 2010; Okubo and Picard, 2011);而另一篇文献更强调选择效应:企业的异质性是由事后(ex post)导致的,即企业区位已经确定之后。

Melitz 和 Ottaviano(2008)考察了事前同质的行为主体决定是否从偏远内地向城市转移。Behrens 和 Robert-Nicoud(2009)在此基础上,考察了行为主体做出不可撤销的迁移决定,即排除分类效应之后,企业间的异质性是如何产生的。他们发现,规模更大的市场不仅通过技术外部性导致的劳动力分工来提高生产率水平,还会通过选择效应来促进后者的提高。Behrens、Duranton 和 Robert-Nicoud(2010)在技术外部性的集聚模型中,同时考察了选择效应和分类效应。Behrens、Duranton 和 Robert-Nicoud(2010)将行为主体分为事前异质性(ex ante heterogeneity)和事后异质性(ex post heterogeneity)。前者通常为才能型行为主体(talent),且区位选择之前对自身生产率水平充分了解;而后者又称为机会主义者(luck),在区位选择之后才了解自身生产率水平。

行为主体根据自身才能、目的地的职业以及机会来选择区位。能力更强的行为主体在发达地区发现更高生产率工作的机会更大，而才能型行为主体和大市场间的这种互补性，导致更有才能的行为主体被分类到大市场。此后，更高效区位的激烈竞争意味着职业的生产率更高。而高生产率的职业，反过来又会吸引更高才能的行为主体。

Okubo（2010）将企业异质性引入 FEVL 模型中，发现生产率相似企业间的协同集聚将导致分类均衡（sorting equilibrium）的出现。然而，和已有研究不同的是，低生产率的企业相对于高生产率的企业而言，更可能会聚集，这可能是由于来自高生产率企业的竞争增加。Ottaviano（2012）在垄断竞争和可变加成假设下的企业区位选择模型中，考察了企业生产率差异如何影响集聚力和分散力间的平衡，发现企业异质性假设是否会影响区位均衡，取决于两个维度的多样性：丰富度（richness）和均匀度（evenness）。此时，企业异质性对集聚选择模型的影响，与企业生产率分布的多阶矩有关。

2.5　异质性企业假设下的最优化问题

垄断竞争产业是否会导致产品种类最优？自 Neary（2004）提出以来，这一产业组织经典问题引发了对张伯伦模型中规范形式的探讨。他们建议简式模型，关于总需求源自直接以商品数量定义的或用于捕捉种类需求的效用函数的最大化过程（Dixit, 2004）。这一经典的关于市场结果的最优的问题可以分为四个部分（Stiglitz, 1975）：产品种类是太多还是太少？每种产品的数量是太多还是太少？产品是否由合适的厂商生产，或在技术选择中存在错误？对于经济中的其他部分而言，垄断竞争部门是太大还是太小？

张伯伦模型中包含四个假设：对于每组企业而言，卖方数量足够大以至于单个企业在进行决策时可以将其他企业的行为视为既定的；每组企业被定义好并且相对于整体经济而言是相对较小的;产品在物理上是相似的但在经济上是差异化的,以至于买方有多样性偏好;自由进入。在模型的建立中,最优化过程依赖于市场机制如何处理"效率与多样化"这一均衡问题。正如迪克西特和斯蒂格利茨(1975)重点强调,有充分的理由去怀疑,在简化方法中由于多样化的公共性质,市场会偏离适当的平衡。正如在这些模型中,产品范围而非消费的数量直接进入效用函数,范围本身变为了公共品,后者的社会福利并没有完全反映在私人激励上。

垄断竞争市场结构是产业组织理论中常见的一种市场结构类型,也是空间经济学模型的理论基础。Krugman(1991)创造性提出的中心—外围模型,巧妙地引入垄断竞争模型,解决了产品定价加成率等问题。自 Krugman(1991)以后,绝大多数空间经济学模型都是在垄断竞争模型基础上进行拓展的。但事实上,由于绝大多数模型采用的都是可分类效应、CES 需求函数、企业同质性,导致市场均衡在很多方面都会犯错,包括产品种类、厂商规模和选择、垄断竞争部门的总体规模(Nocco et al.,2013)。绝大多数空间经济学模型并没有解决垄断竞争产业是否导致产品种类最优这一问题。

现有文献重新回到了一系列的古典问题,对市场均衡时的产品是否由正确的厂商集供应这一问题进行了重点考察。这些都是在内生性异质性企业假设、可变需求弹性下的 Melitzian 框架下进行的。这些问题揭示了在内生的企业异质性以及可变需求弹性下,市场结果关于产品数量、厂商规模与选择、垄断竞争部门的总体规模等方面如何犯错的。

2.5.1 内生企业异质性假设下垄断竞争最优化

Dhingra 和 Morrow(2012)通过比较静态方法,在异质性企业假设下考察了垄断竞争最优化问题。但遗憾的是,他们重点考察的是需求的参数化,而不是企业异质性的参数化。与现有文献不同的是,Nocco 等(2013)认为这种犯错的程度取决于企业异质性程度。

2.5.2 VES 效应函数下的垄断竞争最优化

Zhelobodko 等（2012）认为在 VES 效用函数的框架下，CES 仅仅是个特例（knife-edge case）。虽然这一发现会让人联想起 Stiglitz（1975）、Spence（1976）与 Dixit 和 Stiglitz（1977）的结论，但遗憾的是，Zhelobodko 等（2012）并没有如这些早期的贡献者所做的一样，去讨论这对最优产品种类的意义。取而代之的是，Dhingra 和 Morrow（2012）考察了源于可分离"组效应"（group utility）的一般需求体系最优性质的特征。他们的规范分析填补了 Zhelobodko 等（2012）存在的遗憾：在不引入同质部门的情形下，市场最终将在 CES 而不是 VES 假设下实现（无约束的）最优。当引入同质部门时，Melitz 和 Redding（2012）发现，由于部门间的资源配置不合理，CES 将导致约束而不是非约束下的市场最优。

2.6 企业异质性空间选择的福利效应

相对于企业同质性假设，企业异质性的引入是否会导致福利水平发生变化？Okubo（2010）最早对这一问题进行了研究。Okubo（2010）将企业异质性假设引入到 FEVL 模型，发现高生产率企业竞争的增加，使得低生产率的企业更有可能集聚，形成一种分类均衡（sorting equilibrium）。从社会福利的角度来看，尽管相对于企业区位对称分布情形而言，分类均衡是一种福利改进，但这种市场结果由于导致集聚过多，仅是福利的一种次优结果。Melitz 和 Redding（2012）则认为，企业异质性假设是否会改变空间经济学传统模型的福利结果，与效用函数的设定有关：在 CES 情形下企业异质性并不改变原有框架下福利的有关结论，但 VES 效用函数的引入将改变有关福利的原有结论。Melitz 和 Redding（2013）则进一步对比分析了企业异质性和同质性假设下的福利水平：令除了生产率分布以外的其他参数都相同，此时企业异质性模型下贸易成本降低的福利增加效应更大。在将参数设定为美国主要的总体指标和企业统计指标时，Melitz 和 Redding（2013）发现，总福利的这种差异是至关重要的。因此，在考察福利效应时，需要考察企业异质性的影响。在实证检验中，这两类模型都可以根据不同的可变贸易成本校准为相同的观测的贸易份额和贸易弹性，以及相应的源于贸易的福利利得（Arkolakis, Costinot and Rodriguez-Clare, 2012）。也有学者从异质性企业生产率分布来考察福利效应：Di Giovanni 和 Levchenko（2013）在一个经济活动不服从齐普夫法则的反事实分析中发现，固定进入成本的减少带来的福利增加较多，而可变贸易成本的降低带来的福利增加较少。

第3章 异质性企业空间选择的内在机理分析

20世纪90年代，美国经济学家克鲁格曼（P. Krguman）和日本学者藤田昌久（Fujita），在传统区位论的思想指导下，利用现代经济学研究方法，研究企业区位选择、集聚与城市形成的关系，开创了空间经济学，为研究空间内要素流动和资源配置提供了重要的分析方法和研究框架。

虽然在此之前，城市经济学、经济地理学、区域经济学也非常关注空间意义，并进行了长期的研究，但从整体上来讲，这种空间研究"在上一代基本处于休眠状态"（Krugman，1991），在很长一段时间内空间因素一直难登主流经济学的"大雅之堂"，这种情况一直持续到了20世纪90年代初期。直到Krugman（1991）这篇题名为"收益递增和经济地理"空间经济学开山之作的发表，才使得主流经济学认识到经济学研究中空间的重要性。在空间经济学理论模型中，核心内容是考察集聚力和分散力作用下的平衡区位，即集聚情形下递增的运输成本与递减的生产成本间的平衡。

在研究区位①问题时，空间经济学正是将多种异质性纳入分析框架进而发展起来：①市场结构异质性。基于Chamberlin（1933）和Robinson（1933）提

---

① 区位一词来源于德语"standort"，英文于1886年译为"location"，即定位置、场所的意思。我国将其译为"区位"，而日本则译为"立地"，也有的译成布局或位置。对于区位而言，包括两方面的含义：一方面是指该事物的具体位置；另一方面是指该事物与其他事物在空间上的联系。对于区位的理解，还应包括以下两个方面的内容：首先，区位不仅表示一个具体位置，还表示为放置该事物或为特定目标而标定的一个地区或范围；其次，区位还包括人类对某事物占据位置或设定目标而进行的设计与规划。

出的不完全竞争理论，空间经济学在 Dixt 和 Stiglitz（1977）的垄断竞争分析框架基础上，通过建立模型考察市场结构差异情形下的企业区位选择问题。②空间异质性。在空间经济学之前，对于企业在何处生产并不关心。也就是说，空间是相同的，在任何地方生产都是无差别的。在引入 Samuelson（1954）提出的"冰山运输成本"之后，空间经济学将运输成本或费用引入了企业生产活动中，考察了企业生产活动中空间异质性的影响。③产业异质性。空间经济学另一个理论贡献是将产业异质性引入。由于消费者对多样性产品具有偏好（Dixt and Stiglitz, 1977）以及生产中的多样性中间投入品（Either, 1982），企业生产中存在规模报酬递增，进而形成了不同的产业特征。空间经济学正是将这几种与新古典经济假设相悖的"异质性"融入理论模型，进而来分析企业区位选择与资源空间配置问题的。

因此在本章中，本书将基于空间经济学理论，分析企业区位选择的基本规律。由于相对于企业同质性假设下的区位选择，异质性企业进行区位选择时有其独特的内生机理，因此，在本章中，本书将对这两种假设下的企业区位选择一般理论进行对比分析。

3.1　企业同质性假设下企业空间选择的机理分析

3.1.1　同质性企业空间选择的影响因素

在空间经济学的主要模型中，运输成本、规模经济等基本因素会影响企业区位选择；而贸易成本、产品差异性、市场规模和上下游规模等市场因素也会影响企业区位选择。此时，知识溢出或外部性也是影响企业区位选择的重要因素。接下来，本书将从基本因素、市场因素和知识溢出这三个层面，对影响企业区位选择的一般规律进行分析。

3.1.1.1 基本因素

(1) 运输成本。

在中心—外围模型中,运输成本是影响企业区位的一个非常重要的因素。当不存在运输成本时,为了获得规模经济,所有的企业都将集聚在某一个地方,出现完全的中心—外围结构。当存在运输成本时,企业的区位选择会权衡规模经济与运输成本这两个方面:当运输成本过高时,企业将会选择分散生产以节约运输成本;反之则反。在企业同质性假设下,在临界值附近,运输成本细小的变化都将导致区位活动的急剧变化,可能会导致中心—外围结构的快速变化。

企业在选址过程中,从运输成本的角度企业也会考虑是上游市场接近还是下游市场接近这一问题。通常来讲,企业会选择产品运输成本和原料运输成本之和最小的地方。这个早在韦伯的《工业区位论》中就有论及:韦伯借助力学装置,利用三圆法给出了如何求解运输成本之和最小的方法,并给出了详细的数学论证。通常来讲,重工业企业偏向于集聚在接近矿产产地,而轻工业企业则更偏好接近消费地。

(2) 规模经济。

现实中普遍存在着规模经济现象。为了更好地刻画这种经济运行实际情况,空间经济学主要模型在成本函数设定时,普遍都引入了规模经济,后者也是空间经济学的理论基础。这主要的原因在于,若不存在规模经济,企业集聚与不集聚将变得无关紧要。此时,当存在运输成本时,企业将只关心运输成本,因而都会选择接近消费者或原材料市场而选址。

规模经济又分为内部规模经济和外部规模经济,前者主要是指企业内产量的提升带来的平均成本的下降,而后者则是指在某个地区行业规模提升而带来的行业内企业平均成本的下降。对于内部规模经济而言,企业内部的集中生产会带来成本的节约;而对于外部规模经济而言,选择和行业内其他企业一起生产将会有利。因此,企业在选址过程中,会综合考虑内部规模经济和外部规模经济。

(3) 外部性。

外部性最早由马歇尔在其著作《经济学原理》中提出：他将企业集聚在某个地区的优势从源泉上分为三种：劳动力池、专业化投入和知识溢出。其中，前两个又统称为金融外部性，是影响企业区位选择的基本因素。

通常来讲，产业之间通过投入—产出而产生关联，这种关联主要表现为上下游投入关联。此时，上游产业生产的产品构成了下游产业的中间投入品，而下游产业则是上游产业生产产品的消费市场。因此，产业之间的企业选址也会存在相关关联。例如，当下游产业都集聚在某一个地方时，此时上游产业出于运输成本、搜寻成本结余的考量，也会选择集聚在下游产业的集聚中心。反之，若上游产业集聚，为了降低原材料运输成本和搜寻成本，下游产业也会集聚在这一集聚中心。

3.1.1.2 市场因素

(1) 产品差异性。

在空间经济学主要模型中，工业品是由多个制造业产品组成的集合，是一个复合消费品。此时，各个制造业产品之间存在着替代弹性，即从消费者角度来讲产品与产品之间存在着差异。当产品与产品之间不存在差异时，此时企业会选择分散生产。例如 CP 模型中的农业部门，农产品是完全同质的，此时农产品是分散生产的。而当产品之间差异化程度非常高的时候，则会选择集聚在某一个地区生产，如瑞士手表。

从消费者的角度来讲，当产品差异化程度较小时，此时消费者会就近购买本地生产的产品；而差异化程度较高时，此时消费者会购买较远地区的产品。因此，从厂商的角度来讲，产品无差异时企业间的竞争主要是在本地市场；而当产品差异程度较高时，将会面临更大甚至是全球性的竞争。因此，产品差异性主要通过影响市场的竞争程度，来影响企业的区位选择。

(2) 市场关联。

在空间经济学理论中，企业在生产过程会产生前向关联和后向关联这两种市场关联。其中，后向关联是指企业选址于某个地区，会增加这个地区的劳动力需求，进而会增加本地产品需求；进一步地，增加的本地产品需求又会增加本地企业的经营利润，吸引更多的企业进入。另外，企业的迁入会增加本地企业数量和产品种类，从而导致消费者购买外地生产的产品数量和种类减少，这意味着运输成本下降；更进一步地，这会降低本地劳动力的生活成本并提高实际工资水平，进而吸引工人流入。在这种情况下，工人的工资降低会减少企业的人力投入成本，增加企业利润，进而吸引更多的企业进入，这就是前向关联效应（见图3.1）。

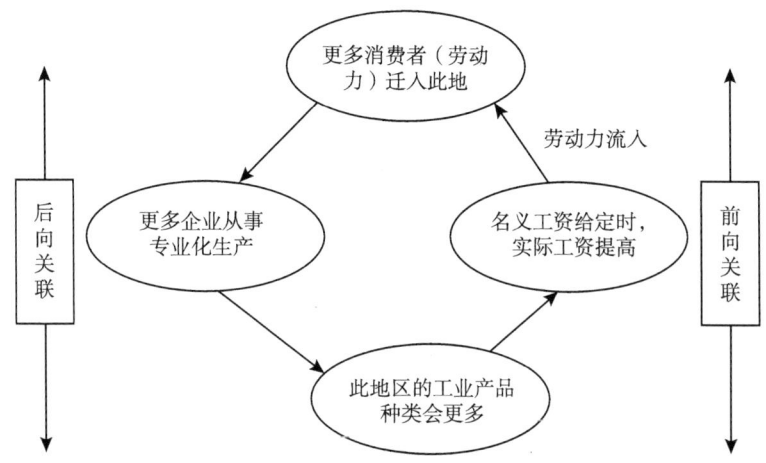

图 3.1 企业和劳动力集聚的累积循环因果关系

资料来源：Fujita M., P. Krugman, When is the Economy Monocentrie? Von Thunen and Chamberlin U-nified, Regional Seienee and Urban Eeonomies, 1995, 25 (4), pp. 505-528.

（3）本地市场需求。

对于企业选址决策过程而言，本地市场需求是必须考虑的因素之一。当某个地区具有巨大的市场规模时，企业生产的产品可以以较低的运输成本进行销售。根据中心—外围模型，消费者对工业品的消费比例也会影响企业的区位选择：在其他条件不变的情形下，消费者对工业品的消费比重越高，企业的集聚越容易产生；而当工业品的消费比例较低时，企业更倾向于分散生产。此时，当本地市场需求（工业品）较大时，会导致这一地区对该产品的生产增长比需求增长更快，使得该地区成为这种产品的净出口地，这就是本地市场效应。

3.1.1.3 知识溢出

对于企业区位选择而言，知识溢出是一个非常重要的因素。当知识溢出存在时，技术外部性成为企业区位选择的一个重要动力：通过知识溢出，企业的研发与创新活动将得到推进，同时企业的生产活动也将受益。在享受知识溢出的同时，企业并不承担知识溢出的成本，反而可以通过知识溢出获得的技术、方法、知识来提高本企业的生产与创新活动，提高企业竞争力与经营利润。

通常来讲，知识溢出也包括两种形式：技术源极型和研究中心型（王咏丽，2012）。对于技术源极型知识溢出而言，是指技术先进企业不断创新，而技术落后企业则进行模仿，此时知识溢出是从技术先进企业向技术落后企业的单向流动过程；而研究中心型则指所有的企业都进行技术创新，知识在企业之间是双向流动的。不同类型的企业，其企业区位选址也会不同。知识密集型与技术创新型企业通常是知识的溢出方，因此其在区位选择时会选择知识存量较多的地区，例如某个地区政府对这一行业大力支持，增加研发投入，或者该地区为高校密集区，典型的例子就是美国的硅谷。而对于技术落后的企业而言，在进行企业区位选择时，则会追随行业中的技术领导者，集聚在这些技术领先企业的周围。

本书可以将空间经济学框架下影响企业区位选择的主要因素整合为以下的基本框架（见图3.2）。

3.1.2 同质性企业空间选择的主要特征

空间经济学核心的模型是中心—外围模型，其基本假设是：存在两个区域，分别为南部和北部；两个部门，分别为传统的农业部门和现代工业部门；两种要素，分别为可自由流动的生产要素（工人）和不可流动的生产要素

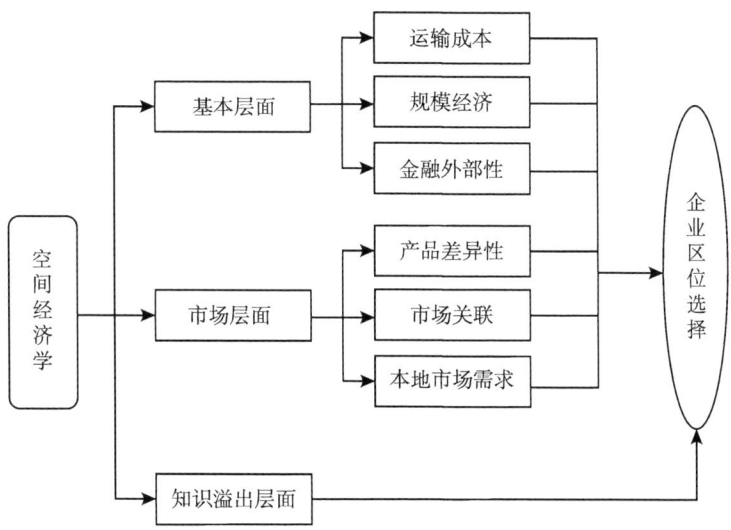

图 3.2 空间经济学下企业区位选择的一般框架

(农民)。在空间经济学模型中,最终决定空间长期均衡稳定的是两种力量:第一种是市场接近性所带来的优势,即导致工业部门向某一区位集聚的力量,称之为集聚力;第二种是促进工业部门扩散的力量,即集聚导致的企业竞争加剧从而促使工业部门在空间上分散的力量,称之为分散力。其中,集聚力包括两种力量——本地市场效应和价格指数效应,这两种力量都是正反馈作用力;分散力主要是指市场竞争效应。

在企业同质性假设下,空间经济学模型关于企业区位选择的一般结论主要包括:

(1) 突发性集聚。

在企业同质性假设下的空间经济学模型中,大部分模型都具有突发性集聚结论。所谓突发性集聚,是指内生的非对称现象是突发性的;当处于对称均衡且贸易自由度很小时,贸易自由度的提高不会影响产业的区位;但当贸易自由度达到某一临界值(即突破点)时,自由度稍微增大,就将发生突发性集聚,此时的稳定均衡是所有的产业都集聚在中心,另一地区变成完全的外围。

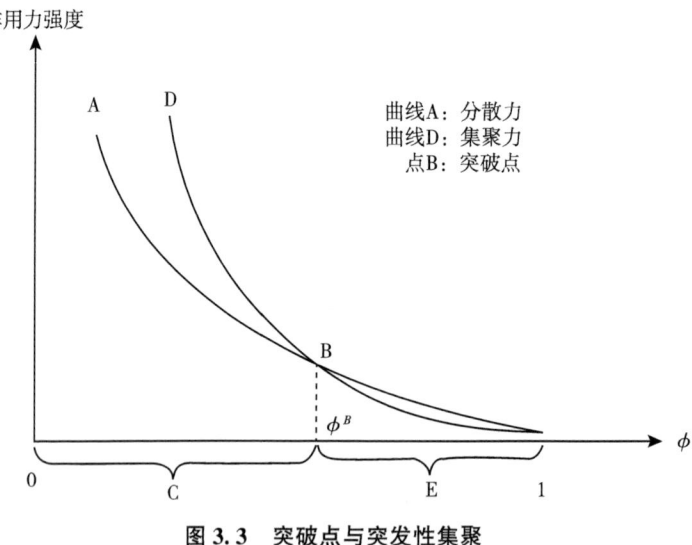

图 3.3 突破点与突发性集聚

资料来源：Baldin 等（2003）。

在图 3.3 中，纵轴表示作用力强度，横轴表示贸易自由度（ϕ）。其中，贸易自由度取值范围为 0~1，当贸易自由度为 0 时，交易成本为无穷大；当贸易自由度为 1 时，交易成本为 0。可以看出，随着贸易自由度的增加，分散力的减弱速度大于集聚力的增强速度。此时，在某一临界点上，集聚力将超过分散力，开始发生经济活动的集聚。这一点即图中的突破点 ϕ^B。

（2）门槛效应。

在图 3.4 的战斧图中，图解了门槛效应。其中，横轴表示贸易自由度，纵轴表示北部地区流动要素在流动要素总量中的比例。图中，粗实线表示稳定均衡，表明贸易自由度 ϕ 从 0 到 ϕ^S 时，稳定均衡是对称分布的。而随着自由度逐渐变大，将出现两个或三个稳定均衡结构：当 $\phi^S < \phi < \phi^B$ 时，有对称分布、以北部为核心的 CP 结构和以南部为核心的 CP 结构这三个稳定均衡；当 $\phi > \phi^B$ 时，有以北部为核心的 CP 结构和以南部为核心的 CP 结构这两个稳定均衡。

第3章 异质性企业空间选择的内在机理分析

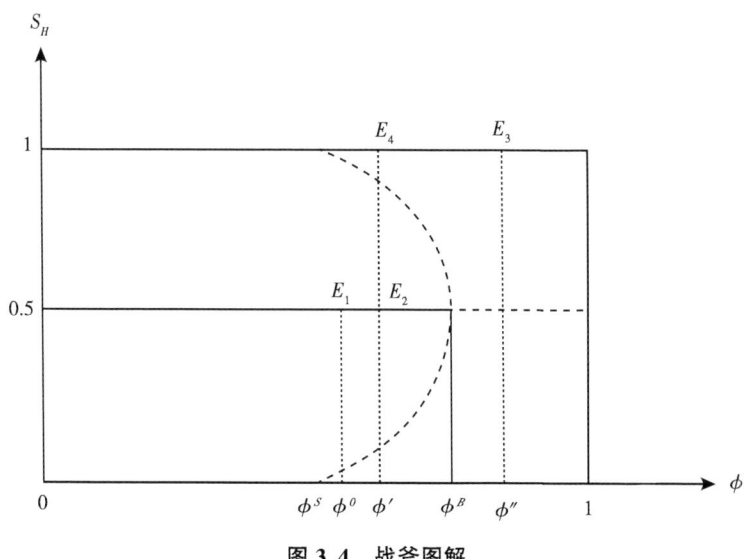

图 3.4 战斧图解

从 E_1 开始,此时的均衡结构为对称分布,对应的贸易自由度为 ϕ^0。随着贸易自由度逐渐提高到 ϕ',对应的均衡为 E_2,北部的流动要素份额仍然为 0.5。随着贸易自由度进一步提高到接近 ϕ^B,此时仍然为对称分布。当贸易自由度超过 ϕ^B,此时将出现突发性集聚现象,所有的企业都将转移到南部或北部。此时 E_3 是对称均衡。此后,贸易自由度进一步提高,出现的稳定均衡仍为 CP 结构。在此过程中,ϕ^B 为突发性集聚的门槛。当政策的增量变动不超过门槛值时,政策并不起作用。而政策力度一旦超过这一门槛值,则会发生急剧性变化。也就是说,门槛效应的存在,使得政策效应具有非线性特征。

(3) 区位黏性。

在企业同质性假设下的空间经济学模型中,第二个突出的特征是区位黏性,即"路径依赖"。这一特征出现在空间经济学模型具有多重均衡区位时,也即贸易自由度大于持续点的贸易自由度情形下。当这种情形存在时,历史因素、预期或区域政策起主要作用(Baldwin et al.,2003)。

在图 3.4 中,在贸易自由度从 ϕ'' 变动到 ϕ' 的过程中,对北部企业而言,北部的区位条件将逐渐丧失吸引力:北部企业需要支付更多的交易成本来进入南部市场。在此过程中，尽管政策使得贸易成本增加，但在 $\phi' < \phi < \phi''$ 区间内，稳定均衡仍为 CP 结构。也就是说，政策的反向变动并没有引起效应的反向变化。此时，稳定均衡变为 E_4，而不是 E_2。如果把稳定均衡后移到 E_1 的位置，那么经济系统把贸易自由度降低到小于 ϕ^S 的位置，再把自由度提高到 ϕ^0 的位置，稳定区位将会受到黏性的约束，不会回到原来的均衡区位。区位黏性的存在，对短期政策制定提出了警示："坏"的政策具有后遗症。

（4）"驼峰状"集聚租。

在空间经济学模型中，对集聚租的追寻是企业区位选择时的主要目标。集聚租可以用两个区位间的收益之差来表示：

$$\omega - \omega^* \big|_{s_H=1} = 1 - \phi^a \left[\frac{1-\mu}{2\phi} + \frac{\phi(1+\mu)}{2} \right], a \equiv \frac{\mu}{\sigma-1} \quad (3.1)$$

其中，μ 表示 C-D 效用函数中消费者在工业品上的支出份额；σ 表示 CES 效用函数中消费者的替代弹性。可以看出，集聚租是贸易自由度的凹函数。当 $\phi = \phi^S$ 和 $\phi = 1$ 时，集聚租为 0；当 $\phi^S < \phi < 1$ 时，集聚租为正；当 $\phi = \sqrt{\phi^B}$ 时，集聚租有最大值。而且随着贸易自由度的增加，集聚租先增加后下降，呈现出"驼峰状"集聚租。

3.2 企业异质性假设下企业空间选择的机理分析

3.2.1 企业异质性的定义与衡量

在新古典经济学中，将企业视为同质的，更加重视企业的交易功能而非生产功能，而忽视了企业的生产功能。新古典经济学的核心是价格理论，强调市场这只"看不见的手"来协调经济活动。为了论证价格机制在资源配置中的基础性作用，新古典经济学模型给出了一系列严格的价格条件，如完全竞争、

第 3 章　异质性企业空间选择的内在机理分析

市场出清、信息对称等,并把企业抽象为无差异的个体。由于假设过度抽象,使得新古典经济学并不是真正的企业理论,难以解释现实中企业的差异化经营行为,如同时存在着企业的市场进入和退出,同一城市同时存在着企业的迁入和撤出。从某种程度上来讲,新古典经济学的厂商理论在对待企业生产行为时,可以视之为"黑箱"的代名词。从论证市场机制在配置资源的有效性来看,新古典经济学的厂商理论在假设企业同质方面是合理的。但在现实中,要素市场是不完全的,企业之间在产品、生产规模、竞争优势、生产率、利润等方面都存在差异,这些都与企业同质性假设严重不符。并且企业同质性假设也很难解释企业本质区别以及企业竞争优势如何获得等问题。

在新制度经济学中,也将企业视为同质的。在继承新古典经济学的研究框架的基础上,新制度经济学试图打破企业的"黑箱",将企业视为和市场互补的另一种资源配置的机制。新制度经济学认为,企业的存在是为了替代市场而节约交易成本。因此,交易成本决定了企业这种组织形式的存在,也决定了企业的规模和边界。但对企业的认识方面,新制度经济学认为所有的企业都可以生产或提供同质产品与服务。这种认识模糊了企业组织生产活动与市场交易这两个概念,缺乏对企业与企业间独特特征的了解。

(1) 企业的本质的双重性。

根据马克思在《资本论》中对资本循环的定义,企业在市场上通过契约形式购买生产资料并卖出生产出来的产品,同时利用购买的生产资料组织生产。从资本的循环定义可以看出,企业具有"生产"和"交换"双重属性。其中,"生产"属性是企业的本质属性,"交换"属性是企业实现其价格增值的前提属性。从动态的视角来看,企业属性的双重性是密不可分的。

(2) 企业异质性的经济学解释。

企业作为经济活动的一种组织方式,其核心竞争优势和企业经营行为的多样性使得企业是异质的。企业能力理论认为,企业控制的战略资源不同,在企业内部共享的生产技能和技术知识也将不同,进而导致企业差异性的产生。从企业成长的角度来看,企业在生产经营过程中会不断积累知识并扩展到生产领域,通过不断解决企业在生产经营过程中遇到的实际问题并进行相应的调整与改进，这些知识会逐渐转换和固化为企业的默会知识，并形成企业独特的特性。

在不完全信息的约束下，在知识和能力的不断积累下，企业得以成长。而历史条件的特定性、经济社会环境的复杂性与企业初始资源禀赋的差异性，以及每个企业在成长过程遇到问题的不同，都使得企业在成长过程中积累的知识和获得的能力是独特的。企业初始的差异和知识与能力的差异，使得每个企业都是独一无二的，形成了差异化的动态比较优势。

（3）企业异质性的现实描述。

哲学关于世界统一性和多样性关系的原理揭示，事物与事物之间又有着普遍的联系，存在着许多共性。这种共性正是新古典经济学和新制度经济学对企业认识处理的出发点。而统一的物质世界以多种多样的形式存在和发展，组成物质世界丰富多彩的不同个体各有其特殊性，这正是异质性企业理论想要做的工作。

德国哲学家莱布尼茨认为，世界上没有两片完全相同的叶子。因此，企业的异质性与其说是一个理论假设，不如说是一个现实描述。在现实中，很难找到两家完全相同的企业。即便是高度标准化的连锁企业，如肯德基和麦当劳、7天连锁酒店与如家连锁酒店，也存在着地理区位、布局、消费服务对象、内部员工等不同之处。而国别、行业、企业规模、资本密集度、人力资本、技术水平、市场定位、产品线、生产经营能力的差异，使得企业间总存在这样或那样的差异。现有的研究也表明，企业绩效差异存在许多解释，包括生产效率（Melitz, 2003）、产品质量（Eslava, Fieler and Xu, 2014, Johnson, 2012, Khandelwal, 2010, Schott, 2004）、加成率（De Loecker and Warzynski, 2012; De Loecker, Goldberg, Khandelwal and Pavcnik, 2014）、固定成本（Das, Roberts and Tybout 2009）、多产品供应能力（Arkolakis and Muendler, 2010; Bernard, Redding and Schott, 2010, 2011; Eckel, Iacavone, Javorcik and Neary, 2013; Eckel and Neary, 2010; Mayer, Melitz and Ottaviano, 2014）。

企业的这种差异就是异质性的体现，可以将企业异质性从本质上视为企业与企业之间的差异。认识到企业异质性的存在，并在企业异质性的基础上来考察企业区位选择及其效应研究,将会更加接近现实并更具理论意义。最近,贸易和宏观经济学(Melitz,2003;Feenstra,2014;Manova,2012;Hottman et al.,2014)的相关研究指出了企业异质性的三种来源:成本差异、产品质量差异和产品范围差异。

3.2.2 异质性企业空间选择的一般理论

在 Baldwin 和 Okubo(2006)(简称为 BO)之前,空间经济学模型的前提假设之一都是企业同质性。正是因为企业的同质性,才导致突发性集聚等特征的存在(Baldwin and Okubo,2006)。也正因对垄断竞争市场结构、规模报酬递增、冰山运输成本等问题在技术处理方面的成熟,才催生出 Krugman(1991)的中心—外围模型。传统的空间经济学模型,包括 DCI 框架和 OTT 框架,都将企业视为相同的,这主要是由于对异质性企业的"刻画"在技术上的难度造成的。

在国际贸易领域,Melitz 于 2003 年发表在《Econometrica》上的"The Impact of Trade on Intra-Industry Reallocations and Aggregate Industry Productivity"文章中,提出了 Melitz-Hopenhayn 机制,就异质性企业进行了假设:假设企业服从连续的泊松分布,分布函数为 $G[a]$,生产率 $\left(\frac{1}{a}\right)$ 高于 $\frac{1}{a_0}$ 的企业数量为 $nG[a_0]$,其中 n 表示经济体中的企业总数量。

在图 3.5 中,存在南部和北部两个地区,存在企业数量等方面的差异。两个地区之间的贸易是有交易成本的。在这种情形下,高效率的企业才会选择出口。此时,部分企业会选择本地销售而不出口(称之为 D 型企业),而部分最高效率的企业同时选择本地销售和出口(称之为 X 型企业)。此时,北部地区和南部地区 X 型企业的边际成本阈值分别为 a_X 和 a_X^*,D 型企业的边际成本阈值分别为 a_D 和 a_D^*。

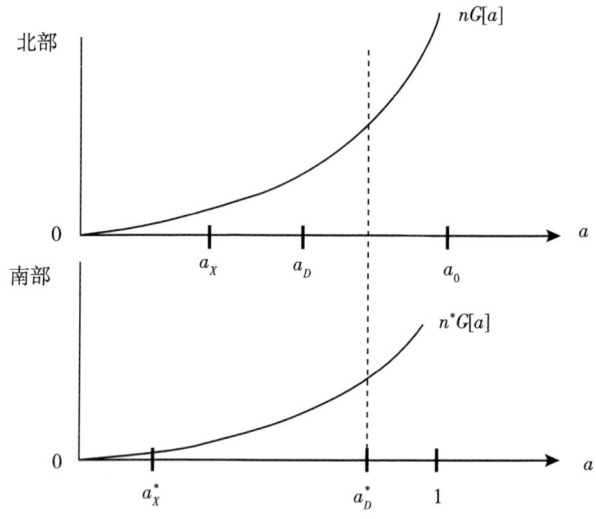

图 3.5 异质性企业生产率分布

3.2.2.1 选择效应

在标准的 FC 模型（两地区、两部门和两要素）下，代表性消费者的效用函数表示拟线性效用函数形式：

$$U = \mu \text{Ln} C_M + C_A, \quad C_M = \left[\int_{i \in \Theta} c_i^{1-\frac{1}{\sigma}} di \right]^{\frac{1}{1-\frac{1}{\sigma}}} \tag{3.2}$$

$$0 < \mu < 1 < \sigma$$

其中，C_M 和 C_A 分别表示工业品集合和农产品的消费数量，σ 为工业品消费的不变替代弹性，Θ 表示工业品集合。

对于生产而言，每单位工业品生产需要 1 单位的资本作为固定投入，a 单位的劳动力作为可变投入。此时，企业生产率可以用可变产品所需的劳动力数量 a 来衡量。其中，a 服从 Pareto 分布：

$$G[a] = \left(\frac{a^\rho}{a_0^\rho} \right), \quad 1 \equiv a_0 \geqslant a \geqslant 0, \quad \rho \geqslant 1 \tag{3.3}$$

其中，a_0 是规模参数（最高可能的边际成本），ρ 是形状参数。不失一般性

可以将 a_0 标准化为 1。

在 FC 模型中,资本可以自由流动,但资本在地区间的流动存在二次调整成本。特别地,每个企业在区域间的转换成本为 χ 个单位的劳动力,其中 χ 取决于区位再选择的企业流动:

$$\chi = \gamma m \tag{3.4}$$

其中,m 表示区位再选择的企业流动。这意味着在稳定均衡时,所有的区位再选择活动都将停止,区位转移的边际成本为 0。

在这种情形下,可以分别得到两个地区的经营利润:

$$\pi[a] = a^{1-\sigma}\left[\frac{s_E}{\Delta} + \frac{\phi(1-s_E)}{\Delta^*}\right]\frac{E^w}{K^w\sigma}, \pi^*[a] = a^{1-\sigma}\left[\frac{\phi s_E}{\Delta} + \frac{(1-s_E)}{\Delta^*}\right]\frac{E^w}{K^w\sigma} \tag{3.5}$$

其中,

$$\Delta \equiv s_K\int_0^1 a^{1-\sigma}dG[a] + (1-s_K)\phi\int_0^1 a^{1-\sigma}dG[a] = \lambda[s_n + \phi(1-s_n)]$$

$$\Delta^* \equiv s_K\phi\int_0^1 a^{1-\sigma}dG[a] + (1-s_K)\int_0^1 a^{1-\sigma}dG[a] = \lambda[\phi s_n + (1-s_n)] \tag{3.6}$$

$$\lambda \equiv \frac{\rho}{1-\sigma+\rho} > 0$$

此时可以得到企业的地区经营利润差 $Z \equiv \pi[a] - \pi^*[a]$:

$$a^{1-\sigma}\left[\left(\frac{s_E}{\Delta} - \frac{1-s_E}{\Delta^*}\right)(1-\phi)\right]\frac{E^w}{K^w\sigma} = a^{1-\sigma}\left[\frac{(1-\phi)E^w}{\lambda\sigma K^w}\right]\frac{2\phi(s-0.5)}{[(1-\phi)s+\phi][1-s+\phi s]} \tag{3.7}$$

在这种情况下,哪些企业首先进行区位转移?通过等式变形,南部地区任何企业转移到北部地区的收益可以表示为其边际成本和已经转移的企业流的函数:

$$v[a,a_R] \equiv \pi[a,a_R] - \pi^*[a,a_R]$$

$$\pi[a,a_R] = a^{1-\sigma}\left[\frac{s_E}{\Delta[a_R]} + \frac{\phi(1-s_E)}{\Delta^*[a_R]}\right]\frac{E^w}{\sigma}, \tag{3.8}$$

$$\pi^*[a,a_R] = a^{1-\sigma}\left[\frac{\phi s_E}{\Delta[a_R]} + \frac{(1-s_E)}{\Delta^*[a_R]}\right]\frac{E^w}{\sigma}$$

此时，从南部转移到北部的企业存量为 $K^* a_R^\rho$，进而可以得到区位迁移的企业流 $m = K^* \rho a_R^\rho \dot{a}_R$，其中 $\dot{a}_R$ 中的点表示对求导。迁移成本可以表示为：

$$\chi = \gamma K^* \rho a_R^\rho \dot{a}_R \tag{3.9}$$

当迁移收益高于迁移成本时，企业将进行区位再选择。在长期均衡下，迁移收益将等于迁移成本。此时有：

$$v[a_R, a_R] \equiv v[a_R] = \gamma K^* \rho a_R^\rho \dot{a}_R \tag{3.10}$$

式（3.10）描述了异质性企业的区位选择过程。由于 $v[a_R]$ 是 a_R 的减函数，如式（3.6）所示，转移过程将会达到稳定并且向长期稳态状态 a'_R 收敛（见图3.6）。

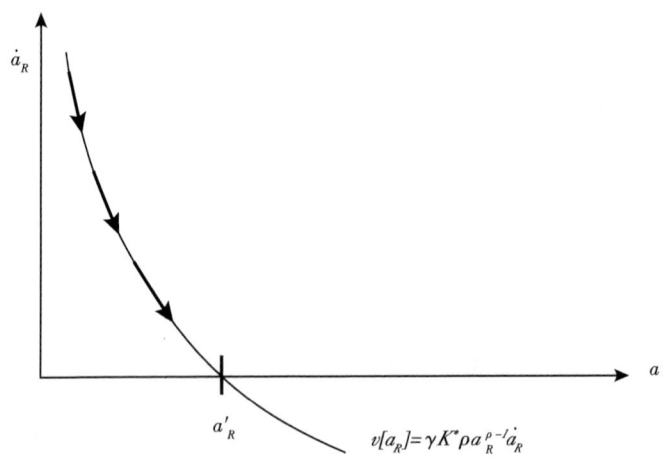

图 3.6 二次调整成本下的区位转移

Baldwin 和 Okubo（2006）发现，从长期均衡来看，规模较小地区（南部地区）的最有效率的企业将转移到规模较大地区（北部地区）。在 BO 模型中，关键变量为 a_R，可以根据长期均衡条件得到：

$$a_R^{1-\sigma+\rho} = \frac{2\phi(s - 0.5)}{(1-\phi)(1-s)}, s_n = s + (1-s) a_R^\rho \tag{3.11}$$

其中，s_n 表示北部地区的企业份额。可以发现，ϕ 越大，a_R 越大，这意味着

第3章 异质性企业空间选择的内在机理分析

贸易自由度的增加会促使南部地区那些生产率相对较低的企业也迁移到北部。最终，当所有的企业都集聚在北部时，可以得到此时的持续点（sustain point）：

$$\phi^{CP} = \frac{1-s}{s} \tag{3.12}$$

需要注意的是，和企业同质性企业假设下的空间经济学模型如 CP 模型不同的是，BO 模型中并不存在突破点。也就是说，南部地区的企业向北部迁移的过程并不存在突发性集聚：企业区位转移过程是随着贸易自由度连续变化的。但可以看出，当贸易是完全自由或严格受限时，企业异质性并不影响集聚力和分散力的平衡。事实上，当用规模较大地区的市场生产价值来衡量区位转移时，企业异质性和任意贸易自由度下的集聚程度都不相同。此时，容易得到：

$$s_n = s + 2\phi \frac{s - 0.5}{1 - \phi} \tag{3.13}$$

当用规模较大地区的企业数量份额来衡量集聚程度时，根据式（3.13）可以得到集聚程度和贸易自由度之间的关系，如图 3.7 所示：

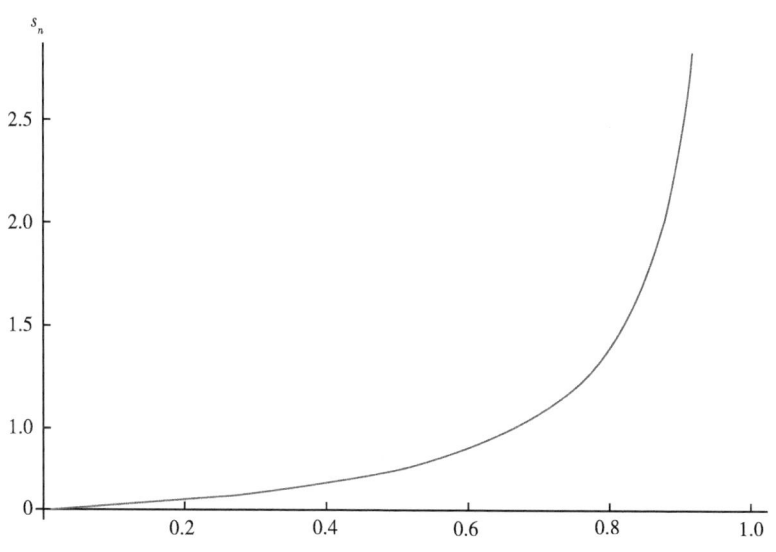

图 3.7 企业异质性假设下企业区位选择与贸易自由度的关系

可以看出，企业同质性假设下 FC 模型的突发性集聚特征消失了。此时可以得到同质性假设和异质性假设下的集聚程度的差异：

$$s_n^{FC} - s_n = \frac{2\phi(s-0.5)}{1-\phi}\left\{1-\left[\frac{2\phi(s-0.5)}{(1-\phi)(1-s)}\right]^{\frac{\rho}{1-\sigma+\rho}}\right\} \quad (3.14)$$

可以发现，只要 $\phi < \phi^{CP}$，即为非中心—外围结构，上式将是正的。

3.2.2.2 分类效应

当考察企业异质性时，除了存在选择效应，还存在分类效应。当所有的企业都集聚在中心（北部）时，此时外围（南部）可以通过力度足够大的政策来吸引中心地区的企业转移到外围。此时，对于北部企业而言，区位转移带来的经营利润将为：

$$a^{1-\sigma}\frac{(1-\phi)E^w}{\lambda\sigma}\left(\frac{1-s}{\phi}-s\right) < 0, \phi > \phi^{CP} \quad (3.15)$$

此时，当不考虑补贴时，企业从北部转移到南部会导致损失。并且生产率越高的企业，也即 a 越小的企业，遭受的损失越大。也就是说，南部地区高效率的企业选择转移到南部能获益更大，同时从北部转移到南部的损失也相应越大。因此，当南部地区提供一定的政策优惠或补贴时，此时首先从北部地区向南部地区转移的将是北部地区的低效率的企业。

假设南部地区提供的政策优惠或补贴为 S，此时有：

$$\Delta = \lambda[a_s^{1-\sigma+\rho} + \phi(1-a_s^{1-\sigma+\rho})], \Delta^* = \lambda[\phi a_s^{1-\sigma+\rho} + 1 - a_s^{1-\sigma+\rho}] \quad (3.16)$$

其中，a_s 为企业生产率阈值。这意味着，北部企业搬移到南部地区时相应的经营利润将为：

$$a^{1-\sigma}\frac{(1-\phi)E^w}{\sigma}\left(\frac{1-s}{\Delta^*}-\frac{s}{\Delta}\right) + S \quad (3.17)$$

长期均衡条件可以表示为：

$$a^{\sigma-1}\frac{S\sigma}{E^w} = (1-\phi)\left(\frac{s}{\Delta}-\frac{1-s}{\Delta^*}\right) \quad (3.18)$$

对于式（3.18），等式左右都恒为正数。随着 a_s 的增加，北部地区的竞争强度将下降,而南部地区的竞争将增加。这意味着,等式右边是 a_S 的减函数。因此,只要 S 足够大,方程将会有一个唯一解,定义为 a'_S。

3.3 对比分析

对比 BO 模型和传统 FC 模型,企业层面的异质性并没有改变转移到规模更大地区的生产份额。但当用企业数量来衡量集聚程度时,企业异质性成为分散力:较少的企业从南部地区转移到了北部,但转移过来的是生产率较高的那部分企业。

表 3.1　不同假设下空间经济学模型结论对比分析

比较分析	企业异质性相对于企业同质性的影响
转移企业的生产份额	不变
集聚程度	分散
转移企业的生产率	均值更高
本地市场效应	较弱
突发性集聚特征	消失
突破点	无
持续点	有

资料来源:本书作者根据 BO 模型和传统 FC 模型整理得出。

结合表 3.1 可以发现,若不考察企业异质性,对集聚经济实证检验将存在选择效应偏误:会高估集聚经济对企业层面生产率的影响。事实上,规模较大地区企业生产率较高,并不仅仅是由集聚导致的,还有部分应归功于选择效应,即规模较小地区的高生产率企业转移到了规模较大地区,导致后者整体生产率的提升。

3.4 本章小结

空间经济学的出现，为研究空间内要素流动和资源配置提供了重要的分析方法和研究框架。本书对异质性企业区位选择及其效应的研究，都将基于空间经济学分析框架。因此在本章中，在区位理论回顾中对空间经济学框架下的企业区位选择理论进行了单独回顾。现有空间经济学框架下企业区位选择理论，在Baldwin和Okubo（2006）之前，都是基于企业同质性假设，在考察市场结构异质性、空间异质性和产业异质性的基础上，对企业区位选择中的突发性集聚、门槛效应、区位黏性、"驼峰状"集聚租等特征进行了重点考察。由于现实中企业差异性的区位选择、"突发性集聚"的不存在等原因，企业同质性假设得到的研究结论并不能很好地解释现实现象。Baldwin和Okubo（2006）在Melitz（2003）的异质性企业贸易理论的框架基础上，分析了异质性区位选择存在的选择效应和分类效应，为异质性企业区位选择提供了一个极具拓展性的分析框架，可用于异质性企业区位选择模型拓展、区域政策效应理论与实证研究等方面。因此，在本章的后半部分，重点对BO理论框架进行了梳理与归纳。

本章的研究是下文的理论基础。在异质性企业区位选择理论框架基础上，本书接下来将在环境规制情形、知识溢出情形、地区竞争情形下，考察异质性企业区位选择的内生机制，以及对应的环境污染效应、城镇化效应、政策协调效应。

第4章 异质性企业空间选择的环境污染效应研究

4.1 问题的提出

近年来,随着中国经济的持续高速发展,环境问题日益成为人们关注的重点。对于中国而言,改革开放以来中国经济的高速增长主要依靠资本、劳动力、资源和环境等要素投入实现的(郭庆旺、贾俊雪,2005),这带来了严重的环境污染问题与负外部性,如生存环境恶化、人才流失和长期经济发展受阻等(Hosoe and Naito,2005)。对工业生产过程中产生的环境负外部性进行立法监管,目前已经在世界范围内达成了共识。对于中国而言,自中国环境保护部成立以来,已形成了由中央政府和全国人民代表大会制定环境规制标准的垂直型的环境规制模式,但仍然面临环境质量目标和经济发展目标的冲突:一方面,自改革开放以来通过采取优惠政策承接国际产业转移,吸引了来自全球发达国家和地区的大量投资。与此同时,由于政府采取的重大优惠政策有重经济轻环境的偏向,譬如对外商直接投资(FDI)的污染承接和宽松环境规制政策,给环境治理遗留了许多问题。另一方面,国内东中西部产业转移的过程中,地区政府在本地经济发展与政绩考核的双重驱动下,对企业与资本的争夺也愈演愈烈,而企业与资本的区位活动伴随着环境污染的地区转移。可以看到，部分西部地区政府在本地经济发展与政绩考核的驱动下，通过提供各种优惠政策来招商引资，包括引进污染严重的东部工业制造企业，给当地环境带来了毁灭性的破坏。一个发人深思的问题是：落后或欠发达地区在招商引资与发展本地区经济时必须要以牺牲环境为代价吗？这需要深入理解环境规制、企业区位和环境污染的内在联系与规律，从整体经济的效率和公平目标出发，结合落后或欠发达地区在现有激励下的政策选择反应，给出地区协调发展的最优环境政策。

但是，现有地区环境政策研究仍然将主要精力放在传统环境污染影响因素的考察上：FDI 与环境（John and Catherine, 2000；应瑞瑶、周力，2006）、贸易与环境（Markusen, 1975；Copeland, 1996；Ludema and Wooton, 1997；Beghin et al., 1997；Hatzipanayotou et al., 2004）、经济增长与环境（Beckerman, 1992；Bhagawati, 1993；Barlett, 1994；包群、彭水军，2006）、收入与环境（Grossman and Krueger, 1991）以及与之对应的增长极限假说（Limits to growth hypothesis）（Meadows, 1972）、污染天堂假说（pollution haven hypothesis）、环境库兹涅斯假说（Kuznets hypothesis）（Kuznets, 1955；Stem, 1998；Ekins, 1997；Dinda, 2004）之环境三大假说的实证研究方面。很明显，现有研究都忽视了产业集聚这个对环境污染有重大影响的因素，而前者在经济活动中是普遍存在的（Krugman, 1991；膝田昌久、克鲁格曼，1999；Baldwin et al., 2003），这使得现有文献都不能很好地解释产业集聚这种企业区位活动对环境污染的影响。环境污染来源于企业的工业生产等活动，具有明显的空间地域性，因此一切影响企业空间区位分布的因素都会影响环境污染情况。这使得新经济地理学在分析环境污染的空间地域性时具有巨大的优势。

新经济地理学的 FC（Footloose Capital）模型（Martin and Rogers, 1995）、FE（Footloose Entrepreneur）模型（Ottaviano, 2001；Forslid, 1999）、FCVL（Footloose Capital with Vertical Linkages）模型（Nicoud, 2002）在分析产业集聚与环境污染时都遵循这一思路：冰山运输成本和规模报酬递增将导致本地市场效应和市场拥挤效应的存在，进而可能导致产业集聚的形成，并相应带来环境污染的区位变化（Arsène and Thi Anh-Dao, 2008）。但比较而言，加入垂直联系后的 FCVL 模型会更加合理（梁琦，2009）。可以发现，这些研究都是基于新古典主义的企业同质性假设，但企业同质性假设受到了越来越多的质疑（Melitz，2003）。事实上，几乎产业内各个企业之间在生产率水平与排污技术等方面都存在着巨大差异，并且对于相同的环境规制具有不同特征的企业的反应也会不同。因此，引入企业异质性模型（Heterogeneous Firm Model）来分析存在集聚情况下环境污染的空间地域性，考察相应的最优环境政策制定，显得更加合理。

在讨论环境规制与企业区位变化时，经济学家普遍强调环境规制对企业利润的减少以及相应的企业投资活动区位变化的影响，却较少关注到企业区位转移过程中存在的集聚力，以及环境规制与集聚力联合对企业区位变化与环境污染的作用机制。然而，新近大量理论文献及经验证据表明，产业集聚对理解企业区位转移（Krugman，1991，1997；梁琦，2004）以及环境污染情况是至关重要的（Baldwin et al., 2003, 2005; Fujita et al., 1999; Brakman et al., 2009）。

现有研究产业集聚与环境污染的文献大致可以分为两类：第一类文献从内在机制考察了环境污染对产业集聚均衡区位的影响；第二类文献则分析了产业集聚对环境污染量的影响。目前绝大多数文献都集中于第一类。

第一类文献主要分为两类：①从企业微观机制分析环境污染如何影响企业区位转移的集聚力与分散力的变化。一方面，由于产业集聚与人口集聚会导致环境问题，相对于工资水平，环境生活质量也是人们居住区位转移的动力（Hosoe and Naito，2005）；另一方面，Rauscher（2009）认为环境污染的负外部性构成了除市场拥挤效应外的又一离心力（centrifugal forces），可能会阻碍集聚的形成。特别当环境污染危害足够大时，人们会愿意居住于清洁的环境而逃离污染严重的地区，从而使得产业集聚形成受阻以及"追逐—逃离模式"（chase and flee pattern）的出现。因此当环境污染较轻微时，产业集聚可能形成；环境污染特别严重时，反向的产业集聚会形成；而更多情况下介于集聚与完全分离两者之间。②论证在环境污染的前提下均衡时区位结构的变化。Marrewijk（2003）认为环境污染相对于无污染时，其外部性将会减小集聚均衡的参数区间，也即突破点与持续点的减小。但有学者认为加入环境污染时企业区位均衡不是参数区间的改变，而会形成一种新的结构。例如，Quaasy 和 Lange (2004) 在 FC 模型下引入了环境污染因素后发现，一种不同于 Krugman (1991) 中的 CP 结构中分散均衡（spreading equilibrium）的状态可能存在：当工业污染危害本地的生存环境时，大多数工人集聚于某一地区，其他的集聚在另外一个地区。Brakman 等 (1996) 通过数值模拟论证了在考虑到交通堵塞（也可视为环境问题的一种）的外部性时，较小的产业集聚也具有稳定性。类似地，Hosoe 和 Naito (2005) 认为当允许跨境污染时，人口分布也会存在多重均衡。

第二类文献着重分析产业集聚对环境污染的变化。目前这类文献较少，主要有两篇：Arsène 和 Thi Anh-Dao (2008) 探讨了 FC 模型下的全球环境规制问题，发现在南部施行消极的环境规制与生态倾销（ecological dumping）政策时，工业区位的重新选择导致北部地区的实际收入降低。此时北部单方面的环境规制并不一定会降低全球污染量。梁琦等 (2011) 对 Arsène 和 Thi Anh-Dao (2008) 的模型进行了改进，利用 FCVL 模型分析了南北双方合作与非合作的环境规制对全球污染量的影响，地区间环境政策差异产生的对资本的"挤出效应"，形成产业集聚的离心力。而对于欠发达地区，无论是考虑消费还是考虑投资，不实行环境规制都是最劣选择。

毫无疑问，这些文献为分析产业集聚下的环境污染提供了多维度的分析视角。但是，现有研究中有关产业集聚对环境污染的理论分析文献明显不足。更令人遗憾的是，现有此类文献都没有捕捉到企业异质性特征，影响了文章结论的可信性与适用性。本书的主要目的是，在企业异质性、企业间投入产出垂直联系与集聚特征下，基于 FCVL 模型框架分析环境政策、企业区位变化以及环境污染的内在传导机制，试图解释落后或欠发达地区招商引资与环境保护"两难困境"产生的原因，并给出兼顾效率与公平的最优地区环境政策。特别地，对于贸易成本这一环境污染区域传导机制中的关键因素，本书最后利用 2001~2008 年中国工业制造业 38 个行业的面板数据进行了实证检验，以期对环境政策制定与协调中的市场整合提供参考与启示。

本书的研究是对现有文献的一个有益补充与创新。本书的贡献主要体现在：首先，在 FCVL 模型下分析了南北地区间技术水平不同的企业的区位转移活动，从微观角度较详细地刻画了异质性企业的区位转移活动；其次，分析了在合作与非合作的环境规制政策情况下，相应的均衡区位的形成以及污染量的显性解，为进一步进行实证研究提供了直接的理论支撑，并利用数据模拟比较了合作、不合作、无环境规制这三种情况下的环境污染量的差异，能直观地描述各种政策的作用；另外，可以发现合作的环境规制政策和地区协调发展目标是效率与公平的现实应用与诠释；最后，对 2001~2008 年中国工业制造业 38 个行业动态面板模型的广义矩估计（Generalized Method of Moments，GMM），其结果也支撑了前文的结论。

4.2 理论模型

4.2.1 基本假设

（1）基本架构。

依据空间经济学 FCVL 模型的基本框架，本书在两地区、两部门和两要素的基本架构中展开，包括：两个地区，南部（S）和北部（N）；两个部门，制造业（M）和农业（A）；两种投入要素，劳动力（L）和资本（K）。其中，农业部门具有瓦尔拉斯均衡特征，即规模报酬递增和完全竞争；农业部门的投入品仅包含劳动力，每单位农产品的生产需要投入 1 单位劳动力，而农产品的区际、区内交易都无成本；农业部门投入要素仅仅在部门间而不是区域间自由流动。劳动力工资和农产品价格分别定义为 w_i 和 p_A。对于制造业而言，市场结构为垄断竞争，工业品在区域间运输存在冰山运输成本：每 $\tau\,(\tau>1)$ 单位的工业品只有 1 单位能到达另一个区域，其他部分都在运输途中损耗了。令北部和南部地区的人口规模都为 L，资本投入分别为 K 和 K^*，资本总量为 K^w。

(2) 消费者偏好假设。

消费者的效用函数表示为:①

$$U = \mu Ln C_M + C_A, C_M = \left(\int_{j=0}^{n_N+n_S} c_j^{1-1/\sigma} dj\right)^{1/(1-1/\sigma)}, 0 < \mu < 1 < \sigma \quad (4.1)$$

其中，μ 表示代表性消费者对工业品的支出偏好系数，是一个固定常数；C_M 表示消费者消费的不同工业品的数量指数；c_j 表示第 j 个工业品的消费数量；σ 表示不同产品之间的替代弹性；C_A 表示农产品的消费量②；n_N 和 n_S 分别代表北部、南部地区生产的产品种类数。

(3) 异质性企业生产者假设。

对于工业制造而言，使用单位资本作为固定成本，此时有 $n_N + n_S = K^w$，也就是两个地区的产品种类等于资本总量 K^w。按照 FCVL 模型的假设，在可变投入部分，劳动投入和工业品组合 C_M 按照 Cobb-Douglas 函数形式投入生产，工业品组合 C_M 与代表性消费者工业品消费一致，采用的是 CES 函数形式投入生产，式 (4.1) 已经说明这一点。在不存在环境规制的情况下，按照传统同质企业假设下的 FCVL 模型，企业成本函数的形式为：

$$C_i(x_{ij}) = \pi_{ij} + a_M x_{ij} P_i \quad (4.2)$$

其中，x_{ij} 指的是地区 i 厂商 j 生产的产品数量。$P_i = w_i^{1-\mu} \left(\int_{j=0}^{n_N+n_S} p_{ij}^{1-\sigma} dj\right)^{\frac{\mu}{1-\sigma}}$ ($i = N, S$) 是 i 地区制造业有关劳动和工业品组合 C_M 的 Cobb-Douglas 生产函数的产出价格指数，表现为工资率 w_i 与其他产品价格 p_{ij}③的固定比例组合。

事实上，传统的 FCVL 模型在成本函数形式设定方面具有很大局限性：企业间存在生产技术或生产率的差异（Melitz, 2003），这些差异导致企业成本函数也不尽相同。对于式 (4.3)，存在的问题是不同的企业拥有不同的 a_M，因此假设

---

① 在 FCVL 模型中，由于厂商的生产需要中间投入品，这包括本地购买的中间投入品以及外地的中间投入品，导致地区间的产品定价、收入等都相互关联，这使得本书的分析变得极为复杂。尽管最终可以得到均衡区位以及消费份额，但由于表达式太复杂，难以辨别变量之间的相互关系。

② 农产品无差异，属于单一产品，所以为单一变量。

③ 需要注意的是，此处 p_{ij} 表示的是地区 i 销售的所有产品，既包括本地区生产本地区销售的产品，也包括另一地区生产但运输到本地区销售的产品，后者的价格中包含有冰山运输成本。

异质性企业的差异表现在每单位产品所需的可变中间品投入数量的差异上，在此用 a_j 来表示，这种差异也可视为企业生产率水平的差异。另外，假设南北部具体企业的 a_j 不随企业区位转移而变化，都是连续并且服从帕累托分布（pareto distribution）的①。概率密度函数 $f[a]$ 与分布函数 $F[a]$ 分别为：

$$f[a] = \rho a^{\rho-1}$$
$$F[a] = a^\rho, 0 \leq a \leq 1, \rho \geq 1 \tag{4.3}$$

其中，ρ 是一个常数，用以表示密度函数的形状。可以看出，南北部的企业生产率系数 $a_j(0 < a_j < 1)$ 都服从帕累托分布，a_j 越小表示企业的生产率越高，对应的企业数量越少，这在一定程度上吻合了现实情况。此时北部和南部的成本函数可以分别表示为：

$$C_i(x_{ij}) = \pi_{ij} + a_j x_{ij} P_i \tag{4.4}$$

对于南北部而言，由于初始资本禀赋不同，因此对应的每个生产率水平 a_j 上，北部的企业数量都大于南部。可以通过图形描述出南北部各自在不同生产率水平上的企业分布（见图 4.1）：

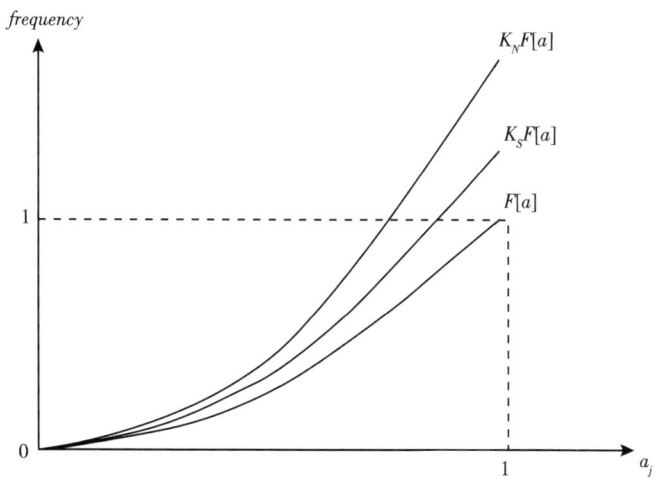

图 4.1　南北地区的资本禀赋及其异质性企业分布

---

① Baldwin 和 Okubo（2009）在研究税收竞争时也涉及异质性企业的生产函数，并且假设异质性企业每单位产品生产所需的劳动力 a_j 服从帕累托分布，本书的异质性企业分布设定参照了 Baldwin 和 Okubo（2009）的假定。

由于劳动力可以在部门之间自由流动的假设，工厂劳动力与从事农业的劳动力享有相同的工资率，也就是说，$w_i = p_A$。同时由于农产品完全竞争，且不存在运输成本，所以南北农产品价格相同，可以标准化得到 $w_N = w_S = p_A = 1$。

（4）企业特定的环境规制假设。

假设整个经济体所有企业的每单位产品排放的污染量都为 m，且排放的污染量不随地区变化而变化，同时假定地区 i 的环境规制机构（政府、环保部门或其他机构）在该地区给定了污染排放上限 $\beta_i m (0 < \beta_i < 1)$，会使当地的制造业生产企业 j 的固定成本增加 v_{ij}。同时假设这种增加的固定成本是与当地政府所容许的污染效应上限 β_i 呈反比的：

$$v_{ij} = v(\beta_i, a_j) \tag{4.5}$$

其中，$d\beta_i/da_j = 0$，$dv_{ij}/da_j \neq 0$，$dv_{ij}/d\beta_i < 0$，$v(1, a_j) = 0$。$d\beta_i/da_j = 0$，即环境政策对各种生产率水平上的企业都是相同的；$dv_{ij}/da_j \neq 0$，表示企业生产率水平和固定成本增加是相关的；$dv_{ij}/d\beta_i < 0$，表示环境规制机构给出的排放标准 β_i 越大，也就是政策越宽松的时候，政策给生产厂商造成的固定成本增加量越小。在 $\beta_i = 1$ 时，相当于没有环境规制，此时给厂商造成的固定成本增量 $v(1, a_j) = 0$；环境规制机构给出的排放标准 β_i 越小，也就是政策越严格的时候，政策给生产厂商造成的固定成本增加量越大。

此时，地区制造业厂商的成本函数为：

$$C_i(x_{ij}) = \pi_{ij} + v_{ij} + a_j x_{ij} P_i \tag{4.6}$$

（5）变量解释。

与标准的 FC 模型一样，在 FCVL 模型中，假设资本所有者可以和资本分离，但是资本收益将最终回到资本所有者所在地进行消费，而本书中主要考虑各个区位关键因素的比例，分别表示为：① s_n：北部资本投资额占所有资本百分比；② s_K：北部资本禀赋占资本总额的百分比；③ s_E：北部居民和厂商总支出占整体经济支出的百分比。

此时，资本流动方程可以表示为：

$$\dot{s_n} = (\pi_N - \pi_S)(1 - s_n)s_n \tag{4.7}$$

4.2.2 短期均衡①

北部地区②生产厂商所面临的单位可变投入价格为 $P_N = w_N^{1-\mu}(\int_{j=0}^{n_N+n_S} p_{Nj}^{1-\sigma}dj)^{\frac{\mu}{1-\sigma}}$，$p_{Nj}$ 表示北部地区销售的产品的价格。对于生产厂商来说，中间产品的投入消费占到可变成本的 μ 部分，同时由于都是采用 C_M 的 CES 函数形式，通过最大化效用函数可以得到地区 i 对产品 j 的需求量 c_j：

$$c_{ij} = \frac{p_{ij}^{-\sigma}\mu}{\int_{j=1}^{n_N+n_S} p_{ij}^{1-\sigma}dj} = p_{ij}^{-\sigma}\mu G_i^{\frac{\sigma-1}{\mu}} \quad (4.8)$$

现在转向具体考虑地区 i 的收入 E_i 的组成，后者由三个部分组成：①消费者劳动收入 Y_i③；②居民持有资产的收益 $\int_{j=1}^{K_i}\pi_{ij}dj$；③制造业生产者支出 $P_i\int_{j=1}^{K_i}a_jx_{ij}dj$，故可推出，北部地区的总收入 E_i 为：

$$E_i = Y_i + \int_{j=1}^{K_i}\pi_{ij}dj + P_i\int_{j=1}^{K_i}a_jx_{ij}dj \quad (4.9)$$

在 D-S 垄断竞争框架下，北部地区制造业生产厂商 j 的利润最大化定价模式如下：

$$\max p_{Nj}x_{Nj} - \pi_{Nj} - v_{Nj} - a_jx_{Nj}P_N \quad (4.10)$$

$$s.t. \quad x_{Nj} = c_{Nj} + c_{Sj} = p_{Nj}^{-\sigma}\mu[G_N^{\frac{\sigma-1}{\mu}} + \tau^{1-\sigma}(G_S)^{\frac{\sigma-1}{\mu}}]$$

其中，c_{Nj} 与 c_{Sj} 分别表示北部和南部对北部生产的产品 j 的需求量，x_{Nj} 为北部企业 j 的销售量。④ 求解 p_{Nj}，可以得到：

$$p_{Nj} = \frac{\sigma a_j}{\sigma - 1}, \quad \bar{p}_{Nj} = \tau p_{Nj}⑤ \quad (4.11)$$

---

① 暂未考虑合作与非合作情况下的不同状况。
② 南部地区也是类似的。
③ 此处不考虑储蓄，因此支出等于收入。
④ 北部企业 j 对应的生产量为 $c_{Nj}+\tau c_{Sj}$，其中 $(\tau-1)c_{Sj}$ 部分的产品在运输到南部的过程中损耗掉了。
⑤ p_{Nj} 为北部生产北部销售的价格，$\bar{p}_{Nj}$ 为北部生产南部销售的价格。

由农产品的完全竞争可知,农产品的边际投入产出在两个区域相等,从而可以知道,在两个区域达到产业均衡的时候,工资率相等。由式(4.4)和式(4.11)可以得到北部和南部的中间投入品价格指数 P_N 和 P_S,化简后有:

$$P_N^{\frac{1-\sigma}{\mu}} = (1-\frac{1}{\sigma})^{\sigma-1}\lambda(K_N + \phi K_S)$$
$$P_S^{\frac{1-\sigma}{\mu}} = (1-\frac{1}{\sigma})^{\sigma-1}\lambda(\phi K_N + K_S) \quad (4.12)$$

其中,$\lambda \equiv \rho/(1-\sigma+\rho) > 0$,$0 \leq \phi \equiv \tau^{1-\sigma} \leq 1$。

接着由式(4.10)、式(4.11)和式(4.12)可以知道,北部和南部地区企业 j 的资本收益分别为:

$$\pi_{Nj} = \frac{p_{Nj}x_{Nj}}{\sigma} - v_{Nj} = \frac{\mu p_{Nj}^{1-\sigma}}{\sigma}[G_N^{\frac{\sigma-1}{\mu}} + \phi G_S^{\frac{\sigma-1}{\mu}}] - v_{Nj}$$
$$\pi_{Sj} = \frac{p_{Sj}x_{Sj}}{\sigma} - v_{Sj} = \frac{\mu p_{Sj}^{1-\sigma}}{\sigma}[\phi G_N^{\frac{\sigma-1}{\mu}} + G_S^{\frac{\sigma-1}{\mu}}] - v_{Sj} \quad (4.13)$$

将 $p_{ij} = a_j/(1-\frac{1}{\sigma})$ 代入式(4.13)后发现,企业生产率水平越高(a_j 越小),企业的资本回报率越大,一般来讲对资本收益的变动更加敏感(Baldwin and Okubo,2009)。本书先不考虑环境规制时的区位均衡。当达到区位均衡时,由于 FCVL 模型中资本返还到母国消费,因此资本的名义收益率在地区间应该相等,即:

$$\pi_N[p_{ij}] - \pi_S[p_{ij}] = \frac{\mu p_{ij}^{1-\sigma}}{\sigma}(1-\phi)[G_N^{\frac{\sigma-1}{\mu}} - G_S^{\frac{\sigma-1}{\mu}}] = 0 \quad (4.14)$$

从而均衡时两地的消费者价格指数相等。

在没有环境规制时,由于北部的资本禀赋高于南部,从而北部的中间品价格指数以及消费者价格指数都低于南部,导致具有相同企业生产率的企业在南部的利润高于北部。并且从式(4.14)可以看出,企业生产率技术越高(a_j 越低),从而价格越低,其利润率之差越高,越有动力进行区位转移。在此假设北部 $a_j < a_R$ 的企业都转移到南部,最终导致地区间不存在利润差,即 $G_N[a_R] = G_S[a_R]$。

可以从下图中看出区位转移后南北地区企业的区位变化（见图4.2）。

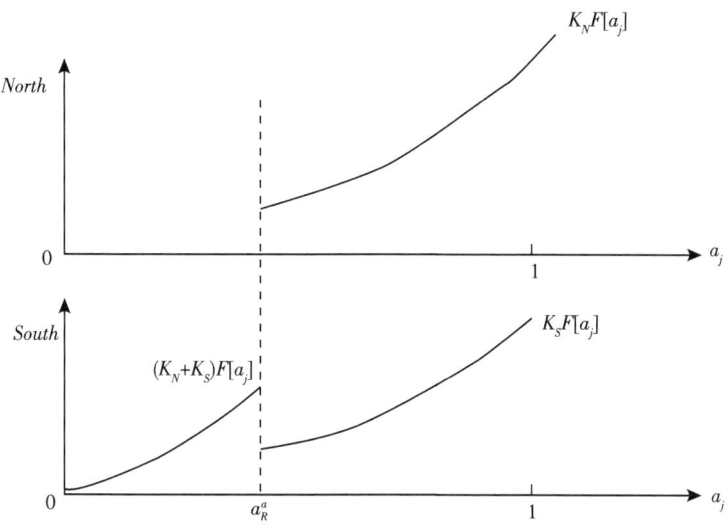

图4.2 无环境规制时地区间的企业区位分布

根据定义可以得到无环境规制时两地的消费者价格指数表达式：

$$G_N^{\frac{1-\sigma}{\mu}} = (1 - \frac{1}{\sigma})^{\sigma-1} \lambda [K_N(1 - a_R^\alpha) + \phi(K_S + a_R^\alpha K_N)]$$

$$G_S^{\frac{1-\sigma}{\mu}} = (1 - \frac{1}{\sigma})^{\sigma-1} \lambda \{K_S + K_N[a_R^\alpha + \phi(1 - a_R^\alpha)]\}$$

(4.15)

其中，$\alpha \equiv 1 - \sigma + \rho > 0$，$a_R^\alpha$ 为北部转移到南部的企业中，每单位产出所需中间投入品数量最多的企业，也可以表示企业区位转移参数。进一步化简可以得到：

$$a_R^\alpha = \frac{K_N - K_S}{2K_N} = 1 - \frac{1}{2s_K}, s_K = \frac{K_N}{K_N + K_S}$$

(4.16)

可以看出，北部资本禀赋份额 s_K 越大，均衡时向南部转移的资本数量越多（即 a_R^α 越小）。这可以由新古典贸易理论的 S-S 理论来解释，即南部资本的稀缺导致南部资本收益率较高,从而吸引北部资本向南部地区转移。①

现在转而考虑南北部的消费支出及其份额情况。根据定义可知地区 i 的支出由居民消费支出 E_{iP} 与厂商购买中间投入支出 E_{iM} 两部分构成,即 $E_i = E_{iP} + E_{iM}$,其中 $E_{iP} = L + \int_{j=1}^{K_i} \pi_{ij} dj$,$E_{iM} = \int_{j=1}^{K_i} a_j x_{ij} G_i dj$。而对于南部而言,南部资本均衡时仍都处于南部,而北部部分企业生产率水平较高的企业将转移到南部,但资本收益仍然返还到北部。根据式(4.15)可以得到北部和南部地区各自的资本总收益,化简后有:

$$\int_{j=0}^{K_N} \pi_{Nj} dj = \frac{\mu \lambda K_N}{\sigma} \left(\frac{\sigma}{\sigma-1} \right)^{1-\sigma} \left[G_N^{\frac{\sigma-1}{\mu}} (1 - a_R^\alpha + \phi a_R^\alpha) + G_S^{\frac{\sigma-1}{\mu}} (\phi - \phi a_R^\alpha + a_R^\alpha) \right]$$

$$\int_{j=0}^{K_S} \pi_{Sj} dj = \frac{\mu \lambda K_S}{\sigma} \left(\frac{\sigma}{\sigma-1} \right)^{1-\sigma} \left[\phi G_N^{\frac{\sigma-1}{\mu}} + G_S^{\frac{\sigma-1}{\mu}} \right]$$

(4.17)

根据定义可以得到北部的消费者支出份额 $s_{EP} = E_{NP}/(E_{NP} + E_{SP})$ 与总支出份额 $s_E = E_N/E_N + E_S$,两者都可以表示为函数 $l(\sigma, K, \phi, \lambda, \mu)$,并且参数都为外生变量。② 数值模拟($\sigma = 2.2$,$\lambda = 2.2$,$\mu = 0.6$)后可得到北部的支出份额与贸易自由度的关系(见图4.3)。

图4.3是北部地区的居民消费份额 s_{EP}、总支出份额 s_E 在不同资本禀赋 s_K 下与贸易自由度 ϕ 的关系式。可以看出,均衡时北部不论消费者支出份额还是总支出份额都远远低于北部资本禀赋份额。

命题4.1:其他条件不变时,贸易自由度越大,均衡时资源禀赋充裕的地区其居民消费支出份额越高;并且资本禀赋越充裕,在相同的贸易自由度下,资源禀赋充裕的地区均衡时的居民消费支出份额也越高。

---

① 关于资本到底是由资本禀赋充裕的国家流向贫乏的国家,还是由后者流向前者,这个争论一直存在,许多学者从理论和实证角度进行了辩证,例如 Thia(2008)和 Alfaro 等(2005)。在本书的框架下,由于假定南北部的工业品支出份额是相等的,从而导致初时时资本从北部流向南部。事实上,若北部的工业品支出份额相对于南部而言较大,可能会阻碍资本的这种流动趋势甚至导致资本从南部流向北部。

② 鉴于表达式较长且以 mathematic 8.0 软件的后缀形式为 nb 的文件存在,不便以数学附录形式给出,需要的读者可向本书作者索取。

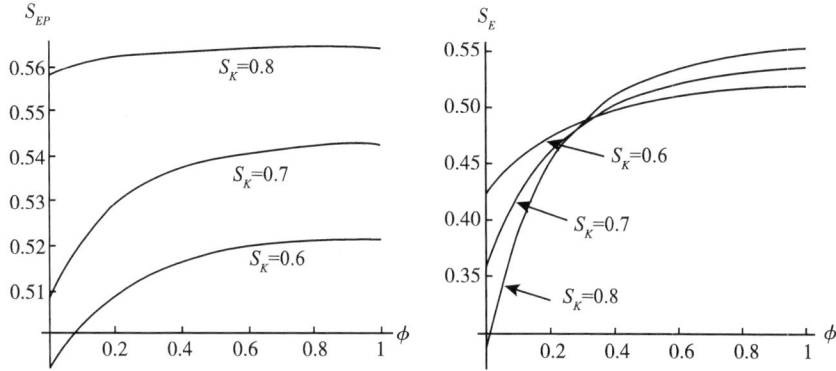

图 4.3 无环境规制时北部居民消费份额、总支出份额与贸易自由度的关系

命题 4.2：其他条件不变时，贸易自由度越大，均衡时资源禀赋充裕的地区其总支出份额越高。资源禀赋充裕的地区若资本禀赋份额越高，在较低的贸易自由度下其总支出份额将越低，并且都小于其初始资本禀赋份额；随着贸易自由度增加，不同资本初始禀赋下的总支出份额都将上升，并且资本禀赋份额越大时总支出份额上升得越快；不存在冰山交易成本时北部总支出份额仍然低于资本禀赋份额。

4.3 环境规制时的长期均衡

现在转而考虑关于污染的情况。由于污染是由管制政策和产出共同决定的，所以就针对管制和产量，根据总污染量 Q[①]的定义，有 $Q = \int_{j=0}^{n_N} \beta_N m q_{Nj} dj + \int_{j=0}^{n_S} \beta_S m q_{Sj} dj$，其中 q_{Nj} 和 q_{Sj} 分别表示北部和南部的生产量。q_{ij} 相对于 x_{ij} 而言，还包括在本地生产但运输到另一地区途中损耗掉的产品，即冰山运输成本的影

---

① 南部和北部的产量已知、生产产品种类数已知，同时南北环境规制措施（也就是每单位产品的排污量）已知，从而推出上式。

响,而这部分产品的生产同样会产生污染。

当不存在环境规制时,$\beta_N = \beta_S = 1$,此时可以得到总污染量 Q_0:

$$Q_0 = m\mu \left(\frac{\sigma}{\sigma-1}\right)^{-\sigma} \frac{\rho}{\rho-\sigma} \left[\left(G_N^{\frac{\sigma-1}{\mu}} + \phi G_S^{\frac{\sigma-1}{\mu}}\right) K_N (1 - a_R^{\alpha}) + \left(\phi G_N^{\frac{\sigma-1}{\mu}} + G_S^{\frac{\sigma-1}{\mu}}\right)(K_S + K_N a_R^{\alpha})\right]$$

(4.18)

化简后有 $Q_0 = \left[m\lambda\mu\rho \left(\frac{\sigma-1}{\sigma}\right)^{\sigma} \left(\frac{\sigma}{\sigma-1}\right)^{1-\sigma} (1+\phi)^2\right]/2(\rho-\sigma)$。以后的分析将会基于总污染量的定义表达式展开,并将与 Q_0 比较大小。由式 (4.18),在给定各项外部变量 λ、L 之后,就能得出南北区域的消费份额。这项指标直接与南北区域的居民福利联系,所以十分重要。假设非合作和合作的环境政策指的是如下的政策:①非合作的环境规制政策:为了吸引资本投资,南北区域中的一方单方面对污染企业不采取管制措施。例如,南方不采取管制措施,有 $\beta_S = 0$,从而 $v_S = 0$。②合作的环境规制政策:由于任意地区的污染将会影响到两个地区,为了共同限制污染,保证环境质量,南北双方采取共同的环境规制政策。由于生产率水平越高的企业量越大,从某种程度上来讲环境规制带来的固定成本增加也越多,因此假设为 $v_{ij} = (1-\beta) a_j^{1-\sigma}$。

4.3.1 环境规制与"排挤效应"

在无环境污染管制时,由于北部的消费者价格指数和中间投入品指数较低,有部分具有较高企业生产率的南部企业转移到北部,最终导致均衡。地区间企业的区位转移是受到资本收益率的驱动导致的。在非合作的环境污染管制下,企业的资本收益率产生了变化,为:

$$\pi_{Nj} = \frac{p_{Nj} x_{Nj}}{\sigma} - v_{Nj} = \frac{\mu p_{Nj}^{1-\sigma}}{\sigma} \left[G_N^{\frac{\sigma-1}{\mu}} + \phi G_S^{\frac{\sigma-1}{\mu}}\right] - v_{Nj}$$

(4.19)

$$\pi_{Sj} = \frac{p_{Sj} x_{Sj}}{\sigma} - v_{Sj} = \frac{\mu p_{Sj}^{1-\sigma}}{\sigma} \left[\phi G_N^{\frac{\sigma-1}{\mu}} + G_S^{\frac{\sigma-1}{\mu}}\right]$$

其中,$v_{ij} = (1-\beta) a_j^{1-\sigma}$,$i = N, S$。

可以看出，北部实行单方面的环境规制降低了北部地区整体的资本收益率。先求出北部单方面环境规制时南北部的资本收益率之差的表达式：

$$\pi_N[p_{Nj}] - \pi_S[p_{Sj}] = \frac{\mu p_{Nj}^{1-\sigma}}{\sigma}(1-\phi)[G_N^{\frac{\sigma-1}{\mu}} - G_S^{\frac{\sigma-1}{\mu}}] - (1-\beta_N)a_j^{1-\sigma} \quad (4.20)$$

可以看出，相对于式（4.14），除了原来的企业生产率水平较高的企业转移到南部以外，还有部分企业生产生产率水平中等的企业也转移到南部，均衡时对于所有企业生产率水平的企业而言，它们在南部或北部生产是无差异的。从而有：

$$G_N^{\frac{\sigma-1}{\mu}} - G_S^{\frac{\sigma-1}{\mu}} = \frac{(1-\beta_N)\sigma}{\mu(1-\phi)}\left(\frac{\sigma}{\sigma-1}\right)^{\sigma-1} \quad (4.21)$$

将此时企业区位转移中处于临界值点的北部企业生产率表示为 a_L。利用单方面环境规制时企业区位转移均衡时的消费者价格指数表达式为：

$$G_N^{\frac{1-\sigma}{\mu}} = \left(1-\frac{1}{\sigma}\right)^{\sigma-1}\lambda[K_N(1-a_L^\alpha) + \phi(K_S + a_L^\alpha K_N)]$$

$$G_S^{\frac{1-\sigma}{\mu}} = \left(1-\frac{1}{\sigma}\right)^{\sigma-1}\lambda\{K_S + K_N[a_L^\alpha + \phi(1-a_L^\alpha)]\} \quad (4.22)$$

将式（4.17）中的企业区位转移参数 a_R^α 变换为 a_L^α，根据同样的方法可以得到北部居民消费份额 s_{EP} 的关系式。

4.3.2 环境规制与环境污染量

非合作环境规制时对应的企业区位转移参数为 a_L^α，将其代入式（4.18）易求得单方面环境规制时的总污染量 Q_L：

$$Q_L = \beta_N m\mu\left(\frac{\sigma}{\sigma-1}\right)^{-\sigma}\frac{\rho}{\rho-\sigma}K_N(1-a_L^\alpha)(G_N^{\frac{(\sigma-1)}{\mu}} + \phi G_S^{\frac{(\sigma-1)}{\mu}}) +$$

$$m\mu\left(\frac{\sigma}{\sigma-1}\right)^{-\sigma}\frac{\rho}{\rho-\sigma}(K_S + K_N a_L^\alpha)(\phi G_N^{\frac{(\sigma-1)}{\mu}} + G_S^{\frac{(\sigma-1)}{\mu}}) \quad (4.23)$$

而如果南北之间通过商议，实行合作的环境污染保护政策，也即 $v_{Nj} = v_{Sj} = (1-\beta)a_j^{1-\sigma}$，此时对于企业 j 而言，区位转移前后面临的环境规制水平是相同的，也就是对于同一企业而言，不管是处于南部还是北部都面临相同的排污约束，因此产生的污染量是相同的。同上容易得出此时合作的环境污染管制政策产生的总污染量 Q_C：

$$Q_C = \beta m \mu \left(\frac{\sigma}{\sigma-1}\right)^{-\sigma} \frac{\rho}{\rho-\sigma} [K_N(G_N^{\frac{(\sigma-1)}{\mu}} + \phi G_S^{\frac{(\sigma-1)}{\mu}}) + K_S(\phi G_N^{\frac{(\sigma-1)}{\mu}} + G_S^{\frac{(\sigma-1)}{\mu}})]$$

(4.24)

将无环境规制时的总污染量 Q_N、非合作环境规制时的总污染量 Q_L 以及合作环境规制时的污染量 Q_C 进行数值模拟①（见图 4.4）：

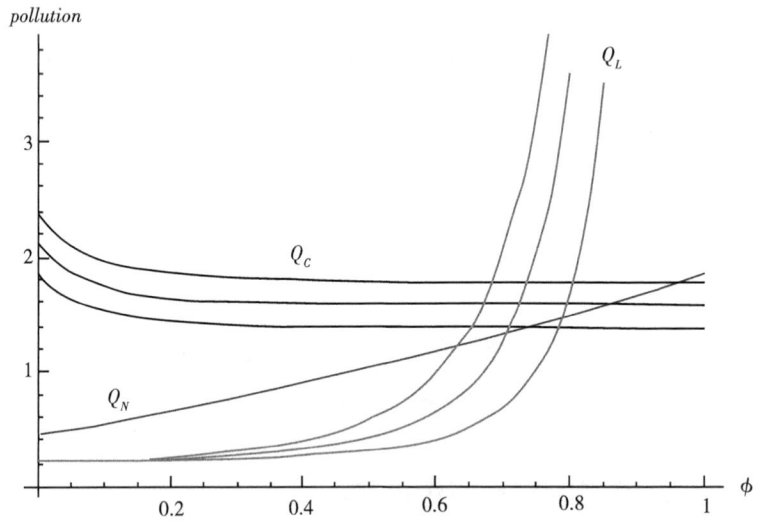

图 4.4　合作、不合作与无管制的环境政策对总污染量的影响

可以看出，三种状态产生的全球污染量的大小比较与贸易自由度有关：在较低的贸易自由度下，$Q_C > Q_N > Q_L$，贸易自由度适中时，有可能会出现 $Q_N > Q_L > Q_C$；在较高的贸易自由度下，Q_L 最大。

命题 4.3：不同的环境规制政策对总污染量产生的影响是不同的：在较低贸易自由度下单方面非合作环境规制可以降低总污染量，而合作的环境规制则

---

① 此时 $(m, \lambda, \mu, \rho, \sigma, \alpha, K) = (0.5, 2, 0.6, 2.4, 2.2, 1.2, 0.8)$。

会增加总污染量；在较高的贸易自由度下非合作的环境规制会增加总污染量，合作的环境规制可以降低总污染量。

对于命题4.2和命题4.3，通过比较合作与非合作的环境政策发现，在较高的贸易自由度也即更低的交易成本下，合作的环境政策可以同时达到更有效地降低总污染量与增加落后或欠发达地区的经济份额的目的，从而实现兼顾效率与公平、地区协调发展的区域经济发展目标。

4.4 实证模型、数据和结果

中国的市场分割与地方保护主义盛行由来已久，呈现出"为增长而竞争"的局面（张军、周黎安，2008）。在分析环境污染影响因素时，较少有文献注意到贸易成本对环境污染总量的影响。而通过上文发现，贸易成本在污染总量的决定中是至关重要的。特别地，在合作的环境规制情况下，贸易成本的降低可以起到减少环境污染量的作用。那么，中国的跨区域垂直环境管理体制下，贸易成本的环境效应到底如何？接下来本书将利用中国省级面板数据对这一疑问进行探究。

4.4.1 计量模型设定与数据说明

结合式（4.18）、式（4.23）和式（4.24），我们将总污染量与其影响因素的关系式表示如下：

$$Q_C = Q(\beta, m, \mu, \sigma, \rho, G, K^W, \phi) \tag{4.25}$$

就样本数据量而言，面板数据包含较多数据点，因而带来较大的自由度，而且截面变量和时序变量的结合信息能够显著地减少缺失变量带来的问题。借此，我们选取了中国 2001~2008 年 38 个工业制造行业①的工业废水排放量作为因变量，考察在控制其他变量的情况下，贸易自由度对工业废水排放量的影响。

此时各个指标的含义及其符号表示如下：

表 4.1　2001~2008 年中国工业废水排放量及其影响因素相关指标说明

参数名称	具体含义	代理变量	单位	对数化
Q_C	总污染量	工业废水排放总量	万吨	lnwater
β	环境规制②	工业废水排放达标量/工业废水排放总量	百分比	lnrate
m	单位产品产生的污染量	每单位固定投资对应的工业废水排放量	万吨/亿元	lnWPK
G	消费者价格指数	居民消费价格指数（设定基 2001 年为 100）	百分制	lnCPI
K^W	总资本大小	资本存量③	亿元	lnK
ϕ	贸易自由度④	市场化指数	百分制	lnINDEX
$\mu、\sigma、\rho$ 等	常数项：产品替代弹性、技术密度函数参数、工业品偏好系数			

注：①对缺失年份数据我们采用了移动平均的方法进行补全；②对有关行业名称进行了变化，如通用设备制造业改为普通机械制造业、烟草制品业改为烟草加工业，统计口径并没有发生改变；③数据来源于《中国统计年鉴》（2002~2009）、《中国环境统计年鉴》（2002~2009）、《新中国六十年统计资料汇编》以及樊纲（2009）⑤；④表中固定资产数额已经固定资产价格指数平减。

---

① 为了保持统计口径一致，我们剔除与归并了废弃资源和废旧材料回收工业、木材及竹材加工业和其他行业三个工业行业。

② 有关环境规制代理变量的选取目前没有达成一致，各有优缺，比较常见的有地区环保法规颁发数量（包群、彭水军，2006）、工业污染治理投资完成额（吴玉鸣，2007）等，为更直观体现工业废水方面的环境规制，我们用工业废水排放达标量与工业废水排放总量的比例来代替。

③ $K_{it} = R_{it} + (1-\delta) \times K_{it-1}$，其中 K_{it} 为行业 i 在 t 年的固定资产存量，R_{it} 为行业 i 在 t 年的固定资产投入，δ 为折旧率。此处我们按照李小平和朱钟棣（2006）对资本存量数据进行了处理。

④ 目前中国流通成本尤其是运输费用过高，事实上，中国地区间二级收费站数目或许也是贸易成本非常好的一个代理变量。

⑤ 樊纲（2009）指标包含了 1997~2007 年中国整体市场化指数，对于缺失的 2008 年数据，我们根据时间趋势进行补缺，由于时间趋势规律明显并且其值较小，不影响本书的结果。

对于表 4.1 中贸易自由度的也即新经济地理学中的冰山交易成本,一般包括运输成本(运费和时间成本)、政策壁垒(关税与非关税壁垒)、信息成本、合约实施成本、汇率成本、法律和规制成本以及当地销售成本(钱学锋、梁琦,2008)。对于中国而言,存在着较为严重的市场分割和地方保护主义,地方政策因素而非正常运输成本构成了企业的主要贸易成本。因此将政策壁垒作为中国内地市场贸易成本的重要考衡是合理的。而作为衡量市场分割与整合的一个重要指标,樊纲(2009)中的市场化指数无疑是贸易自由度的很好的一个代理变量。我们选取对数模型来考察贸易自由度对废水排放量的影响,用以缓和模型的异方差和偏态性(Wooldridge,2003)。

4.4.2 实证结果

根据上文理论模型,本书将计量模型设定为下面的形式:

$$\text{LnWATER}_{i,t} = \beta_1 \text{LnWATER}_{i,t-1} + \beta_2 \sum_{j=0}^{t} \text{Ln}X_{i,t-j} + \beta_3 \sum \text{CONT} + \varepsilon_{i,t} \quad (4.26)$$

$$\varepsilon_{i,t} = \mu_i + \nu_{it},\ E[\mu_i] = E[\nu_{it}] = E[\mu_i \nu_{it}] = 0$$

其中,Ln WATER$_{i,t-1}$ 表示因变量的滞后一阶;Ln$X_{i,t-j}$ 为自变量及其滞后项,包括 LnRATE、LnWPK、LnCPI 和一阶滞后 L.LnCPI、LnK、LnINDEX 和一阶滞后 L.LnINDEX;CONT 为控制变量,反映行业水污染排放的固定特征和时序效应;$\varepsilon_{i,t}$ 表示可分解为固定效应 μ_i 和白噪音 ν_{it}。

各个行业的环境污染量由于行业异质性表现出了极大的差异,并且具有时序维度特征(Dinda,2004)。这些不能观察到的固定效应,统一包含在误差项 $\varepsilon_{i,t}$ 中,造成用静态面板方法进行估计是偏倚的,并且这种偏倚在截面较大而时序较短的面板数据模型中体现得更加明显。一般来讲,通过一阶差分可以有效地消除行业污染固定效应,但是由于差分方程中的 Ln WATER$_{i,t}$ − Ln WATER$_{i,t-1}$ 与误差项($\varepsilon_{i,t}, \varepsilon_{i,t-1}$)是相关的,从而差分估计方程存在内生性问题。为了克服动态方程中滞后因变量造成的内生性问题,Arellano 和 Bond(1991)提出了一阶差分广义矩估计量(DIF-GMM),但容易受到弱工具变量和样本偏倚的影

异质性企业空间选择：机理与效应

响。Arellano 和 Bover（1995）提出，将因变量滞后项的一阶差分作为工具变量引入方程，利用矩条件进行估计可以解决上述问题，称为系统广义矩估计法（SYS-GMM）。但 SYS-GMM 在有限样本条件下其标准误将严重降低（Windmeijer，2005）。本书对比 SYS-GMM 与 Windmeijer（2005）矫正方法得到的标准误，两者差别极小，因此将直接利用 SYS-GMM 进行估计。

表 4.2 环境污染量的回归结果：LnWATER

模型	(1)	(2)	(3)	(4)	(5)	(6)
估计方法	RE	GLS	RE	SYS-GMM	SYS-GMM	SYS-GMM
L.LnWATER				0.393*** (1.99)	0.388*** (10.57)	0.422*** (10.76)
LnRATE	−0.001 (−1.37)	4.879*** (4.47)	−0.003* (−1.82)	2.659*** (2.65)	3.356*** (7.43)	3.156*** (6.84)
LnWPK	1.000*** (2.2e+04)	0.816*** (14.79)	0.1000*** (1.7e+04)	0.121*** (2.36)	0.174*** (11.09)	0.191*** (11.45)
LnCPI	−0.002 (−0.84)	−12.117*** (−5.02)				−3.012*** (11.45)
L.LnCPI				−0.968 (−1.07)	−1.405*** (−3.07)	
LnK	1.000*** (2.2e+04)		0.100*** (1.6e+04)			
LnINDEX	0.003* (1.73)	−4.622*** (−2.32)				
L.INDEX			0.003 (1.11)	−1.431*** (0.026)	−2.089*** (−7.30)	−3.622*** (−9.69)
Constant	−0.004 (0.567)		−0.005 (−0.58)			
控制变量	否	否	否	否	是	是
观测值	304	304	228	228	228	228
Hausman	0.3311		0.8273			
AR（1）				0.0695	0.0213	0.0214

续表

模型	(1)	(2)	(3)	(4)	(5)	(6)
估计方法	RE	GLS	RE	SYS-GMM	SYS-GMM	SYS-GMM
AR（2）				0.6093	0.2663	0.2959
Hansen test				0.2393	0.1416	0.1019

注：①括号中数值为 t 值；② *** 、 ** 、 * 分别表示在1%、5%和10%水平上显著；③结合 Roodman（2008）针对 GMM 工具变量过多而进行的纠正方法，本书的 Hansen test 仍然是有效的。

在静态面板估计方法中，不考虑自变量与因变量的滞后项，本书发现资本投入 LnK 与价格指数 LnCPI 存在严重的相关性。在模型（1）中可以看到，利用随机效应方法估计时 LnCPI 的作用不显著。为此，本书将两者分别进行模型估计，得到模型（2）和模型（3）。考虑到前述静态面板模型的缺陷，在模型（4）~模型（6）中本书利用系统广义矩方法进行了估计。

模型（4）考虑了自变量滞后一阶 $Ln\,WATER_{i,t-1}$、工业废水排放合格率 LnRATE、单位资本产生的工业废水排放量 LnWPK、价格指数的一阶滞后项 L.LnCPI 以及反映贸易成本的市场化指数的一阶滞后 L.LnINDEX，整体拟合效果显著。对于贸易成本而言，上一期的贸易成本与本期的工业废水排放量负相关，其弹性系数为-1.4311。在模型（5）和模型（6）中本书加入了行业控制变量与时间控制变量，发现估计结果体现出了极大的稳健性，估计参数系数变化不同。系统广义矩估计模型无一例外地验证了：进行市场整合降低贸易成本可以有效地降低工业废水总排放量。当然，对其他污染排放物的实证检验有待进一步完成。

4.5 本章小结

在企业间存在投入产出垂直联系的 FCVL 模型框架下，本章通过建立企业污染与产业集聚的理论模型,在企业异质性假设下探讨了环境污染与集聚的内在机理以及产业集聚对地区支出份额、环境污染量的影响。本书发现,存在产业集聚与企业投入产出垂直联系的前提下,落后或欠发达地区的招商引资与环境保护并不是两难抉择,而是表现出一定的地区间的"为增长而竞争"特征,相应地给地区产业转移和区域协调政策的制定提出了新的要求。

本书企业异质性下的 FCVL 模型结论支持了环境规制在环境保护方面起到的作用。合作的环境规制政策效果优于非合作的环境规制政策,而后者明显优于无环境规制。因此,从整体经济的角度来讲,推行区域合作的环境保护政策显得尤其重要。特别是在当今资本流动日益频繁,企业间存在中间投入垂直联系的情况下,实行合作的管制政策可以有效地减少污染企业或产业的环境规制规避以及"污染天堂"的出现。特别要注意的是,统一的环境规制政策中要注意防止地方政府对环境规制政策的变相更改,通过一些隐性或操作的方式降低或不实施环境规制政策。

传统的经济学理论中对贸易成本的定义为贸易过程中发生的成本,在新经济地理学的框架下则主要定义为冰山运输成本,实际上更多地可以归结为广义的制度成本。对中国而言,在财政分权体制下,地方政府拥有发展地方经济的激励,而后者直接关系到地方官员的绩效评价,进而影响地区获得更多经济资源的能力。如果任由市场机制来决定经济资源的配置,那么地区间的差距将必然存在。因此,地方政府在主观上就有了通过政府干预来扭曲资源配置,争取更快的地区经济发展速度的激励,从而地区保护主义、市场分割与进入壁垒的设置就成了地方政府的理性选择。但从结论看到,对于整体经济而言,以贸易成本衡量的地方保护主义会造成整体支出的降低、环境污染量的增加,这也是显而易见的:贸易成本的增加会导致产品的中间消耗增加,并且会阻碍集聚力与规模经济发挥作用,导致资源配置的无效率。因此,其政策指向也是明显的:降低国内统一市场的贸易成本以整合国内市场,加大产业转移与区域协调发展,从制度层面减少贸易成本,通过市场整合为企业区位转移和集聚提供制度红利,后者将进一步为市场整合提供动力和纽带。两者的互动联系使得市场整合显得尤为重要。

第5章 异质性企业空间选择的城镇化效应研究

5.1 问题的提出

城镇化是我国现代化建设的历史任务,更被视为扩大内需的最大潜力之所在,将成为我国经济增长新支撑和新引擎。对于我国城镇化的核心内涵,党的第十八届三中全会上提出的《关于全面深化改革若干重大问题的决定》,将其明确为"推进以人为核心的城镇化"。而在具体的推行过程中,地方政府对土地财政的高度依赖,使得满足人的居住需要和扩大内需的房地产开发成为了城镇化首要的政策手段和工具。这种做法存在较大争议:一种观点认为,可以通过房地产开发等手段促进人口集聚,进而吸引产业集聚,最终实现城镇化;而另一种观点则认为,缺乏产业集聚和工业化来支撑的城镇化难以为继(马凯,2012;辜胜阻、刘江日,2012)。哪种路径更符合科学的城镇化发展观?这是当前一个至关重要的问题,但远未达成共识。

另外,中国的城镇化进程中劳动力的流动,出现了较多看似相悖的现象或问题:既出现了交通拥堵、雾霾天气、高房价等"城市病"与"逃离北上广"等问题,也出现了"再回北上广"与劳动力就业或择业时将一线大城市作为优先选择等现象;既出现了农民工"返乡潮"与"民工荒"现象,也出现

"自然村渐逝"① 或农村空心化问题。这些都凸现于我国现阶段的城镇化进程中,到底是正常现象还是中国悖论?这在学界得到了广泛的讨论,但尚未有充足的理论解释和学理支撑,特别是运用主流经济学理论进行探讨的并不多。

城镇化与城市（乡）间的劳动力流动,无一不涉及要素的空间区位和资源配置问题,而这正是空间经济学的研究范畴。因此,本书将在空间经济学的理论框架下,基于异质性企业和劳动力知识溢出的基本假设,建立异质性企业市场进入和劳动力流动的一般均衡区位模型。基于模型推导和数值模拟结果,本书提出了一个新的理念:对于转型经济体,缺乏产业支撑的城镇化难以持续,而没有高生产率和高技术产业支撑的城镇化同样是不可行的。本书还发现,现阶段中国城镇化过程中劳动力流动出现的"中国悖论"并不成立,这是转型经济体在城镇化过程中必然会遇到的。本书的研究,将异质性要素和异质性城市统一到空间经济学框架,既为城市空间内要素流动与资源配置的后续研究提供了一个可拓展的分析框架,其研究结论更可以用于指导城镇化具体实践,为真正实施"人的城镇化"提供学理支撑和理论依据。

如果不了解城市,是不可能了解经济活动的（Rosenthal and Strange, 2008）。不同于一般的地区和国家层面,新近大量文献发现城市层面的经济活动特别是要素的流动,更具特殊性。一个例子可以很清楚地说明这一点:城市规模具有工资溢价效应,这在其他层面是不具备或不显著的。因此,基于城市视角对经济活动规律的研究成为了新近的主流视角。而城市间劳动力的流动或迁移是这一主流视角的研究热点,相关研究包括约翰·奈特、邓曲恒、李实（2011）、高波等（2012）、陈健、邹琳华（2012）、Ortega 和 Peri（2012）等。

城市是生产要素的集聚,大量劳动力集聚于大城市。在住房昂贵、高生活成本与工作压力、交通拥堵、环境恶化、快节奏等背景下,劳动力为何仍会选择于大城市集聚,主流经济学文献主要归结于:①城市规模的工资溢价。实证检验发现,劳动力集聚在都市区确实会提高工资（Rosenthal and Strange,

---

① 据我国民政部统计数据:2000 年,中国拥有 360 万个自然村,但到 2010 年这一数字变成了 270 万个,在 10 年的时间内消失了 90 万个自然村。

2008；Behrens et al.，2010）。这种工资溢价导致的收入差距会促使劳动力集聚在大城市（Ortega and Peri，2012；Baum-Snow and Pavan，2012；孙三百、黄薇和洪俊杰，2013）。②城市劳动力池与就业机会。大城市中的企业数量相对较多，也可以增加劳动力职位匹配和被猎头获知的机会（Strange et al.，2006；Andersson et al.，2007），进而降低失业风险（Almazan et al.，2007；Overman and Puga，2010）。③劳动力技能提升。大城市中劳动力可以基于更多的正式或非正式沟通渠道进行沟通和学习，通过"干中学"和知识溢出提高技能（赵伟、李芬，2007；Overman and Puga，2010；Fu and Gabriel，2012），进而增加大城市对劳动力的吸引力。④机会与未来预期。尽管存在诸多"城市病"，但大城市潜在的机会、机遇，使得劳动力特别是高技能劳动力对未来充满预期而留在大城市（Di Addario，2011；Bleakley and Jeffrey，2012）。⑤交通网络便利与文化娱乐基础设施齐全。大城市的交通便利，生活设施齐全，有更多电影院、文化馆、健身房等场所，可以增加消费者的舒适性（Glaeser et al.，2008；Albouy，2008；Boustan，2013）。也有学者从气候舒适性（Albouy et al.，2012）和消费经济性（Waldfogel，2010）等角度解释了劳动力为何集聚在大城市。

但并不是所有的劳动力都将集聚于大城市：城市规模分布的齐普夫法则揭示，仍有部分劳动力位于中等城市、小城市和小城镇。但这些规模不同的城市吸引的劳动力，除了规模的差异以外，一个更显著的特征是城市内的劳动力技能的差异（Bacolod et al.，2009）。而劳动力技能的这种异质性，在导致城市同样有规模大小之分以外，更明显是将产生城市间的技能分层现象（Berry and Glaeser，2005；Baum-Snow and Pavan，2010）：大量文献通过考察不同规模城市的劳动力技能分布（Combes et al.，2008；Bacolod et al.，2009，2010），发现劳动力根据技能在城市间分类或分离（Behrens et al.，2010；Eeckhout et al.，2010；Venables，2011；Matano and Naticchioni，2012）。具体来讲，均衡时，高技能劳动力将集聚在大城市，而低技能劳动力将位于小城市。

对于异质性劳动力流动导致的城市分层，主要有以下几种解释：①城市为高技能劳动力提供有价值的消费舒适性，如电影院、博物馆和文化活动，而这些对低技能劳动力的吸引力明显较低。②大城市提供的教育回报更高（邢春冰、贾淑艳和李实，2013）。③从动态视角来看，由于更多有效的面对面交流机会，大城市为人力资本集聚提供更好的环境（Glaeser and Maré，2001）。而熟练工人相对于非熟练工人而言，从集聚获得更高的生产率提升与人力资本积累（Dustmann et al.，2011；Docquier and Rapoport，2012）。④城市和技能之间具有互补性（Mion and Naticchioni，2009；Glaeser and Resseger，2010），这将导致高效率劳动力集聚于大城市。⑤高技能劳动力消费更偏好奢侈品，而后者大都集中在大城市（Lee，2010）。⑥大城市工资更高，可以为高技能劳动力支付更高的工资（Combes et al.，2008）。也有学者从城乡户籍制度差异进行了解释（余向华、陈雪娟，2012；梁琦、陈强远和王如玉，2013）。以上解释都有一定的说服力，但大城市同样也存在低技能劳动力（Glaeser et al.，2008；Combes et al.，2012a），几乎没有证据表明劳动力在不同规模的城市存在严格分类（Baum-Snow and Pavan，2010，2012）。

这些文献为理解异质性劳动力在城市间的流动提供了极好的分析视角，特别是为解释城市空间存在劳动力的集聚与分层现象提供了重要的理论借鉴。总的来讲，现有文献很好地诠释了为什么大城市是一个有吸引力的劳动力空间载体，以及什么因素导致了异质性劳动力的城市空间分层，其基本假设和理论前提都是大城市相对于小城市（或城市相对于农村）业已存在诸多比较优势和吸引力。但这种先验性假设存在较大的问题：首先，正是因为劳动力在大城市的集聚才导致后者比较优势的出现。因此，用大城市的比较优势反过来解释城镇化或城市间的劳动力流动，这在短期内是可行的，但从动态视角来看则犯了"以现象解释现象"的逻辑误区。其次，现有文献在研究城市间的劳动力流动时，都忽视了异质性企业的作用以及企业市场进入和劳动力区位选择的内生机制：劳动力之所以选择城市，是因为城市里的高生产率企业可以提供高工资等；而企业之所以选择城市，是因为城市里的高技能劳动力通过知识溢出等途径而具有高生产率。因此本书认为，不能孤立地从劳动力流动的角度来研究城镇化，而应该从劳动力区位、企业市场进入和城市发展这三者内生的视角来考察这一问题。而将以上问题纳入一个统一框架下进行建模分析，现有文献几乎无人涉及。

基于以上考虑，本书将建立一个异质性企业市场进入与劳动力流动内生决定的空间经济学理论模型，考察城市技术比较优势和知识溢出对异质性劳动力流动的影响，为转型期中国城镇化进程中的若干现象与问题提供理论解释和学理支撑。本章的结构安排如下：第二部分是理论模型；第三部分是数值模拟；第四部分是对城市空间结构的反事实与比较分析；最后是本章的结论与政策建议。

5.2 理论模型

在一个多个城市的空间经济模型下，本书做出如下假设：

5.2.1 基本假设

假设存在这样的两个圆形城市 r 和 s，城市内部空间结构都是一样的：大量的土地均匀分布，土地总量都为 1。在城市的中心是中心商务区，企业的经营管理和生产活动都位于此。每个城市的居民数量为 L_l，在城市内部空间均匀分布，$l \in r, s$。此时，圆形城市 l 的面积可以简单表示为 L_l。

（1）通勤技术。

居民在城市内部往返工作，其人均净劳动力供给为 $\bar{h}$。假定在城市内部存在指数衰减型的通勤技术：离工作地距离为 $x \leq \bar{x}$ 的居民，实际有效劳动力供给 $s(x) = \bar{h}e^{-\theta x}$，其中 θ 表示通勤效率损失系数。对于城市之间的通勤，假设通勤效率损失系数为无穷大。

（2）消费者偏好。

对消费者偏好的设定，目前最常见的是 CES 型效用函数，但这也遭到了较大的质疑（Zhelobodko et al., 2011）。本书假定消费者对工业品的效用为 VES 型函数：

$$\max_{c(i), i \in \Omega} U \equiv \int_{\Omega} [1 - e^{-\alpha c(i)}] di, \quad s.t. \int_{\Omega} p(i)c(i)di = E \quad (5.1)$$

其中，Ω 表示工业品集合，其数量 N 是内生决定的；$\alpha > 0$ 是一个常数；$p(i)$ 和 $c(i)$ 分别表示工业品 i 的价格与人均消费量；E 表示消费者的总支出。

(3) 异质性企业。

每个企业都只生产一种差异化的产品。在进入市场前，其研发成本为 F 单位劳动力。生产投入只包括劳动力，企业 i 单位产品的劳动力投入为 m_i。根据异质性贸易理论（Baldwin and Okubo, 2006），假设企业生产率 m_i 服从连续可微的帕累托分布：

$$G(m_i) = (m_i / m^{\max})^k \quad (5.2)$$

其中，$m^{\max}$ 表示城市内部的企业生产率最低值，定义为生产率下限，$k \geqslant 1$ 表示帕累托分布函数的形状参数。

(4) 异质性劳动力要素。

本书将劳动力分为两大类：高技能劳动力和低技能劳动力，数量分别固定为 H 和 L。这两类劳动力之间存在较大的差异性。为了简化起见，假设高技能劳动力之间可以通过交流等产生知识溢出，获得自身技能提升。Combes 等（2012b）将这种提升表现为城市内部高技能劳动力的总有效劳动力供给的增加，本书也做相同的处理，即：

$$\bar{h}_H = \bar{h} a(H) \quad (5.3)$$

其中，$a(0) = 1, \ a' > 0, \ a'' < 0$。

此时，可以求解出城市 r 两类劳动力的总有效劳动力供给，分别为：

$$\begin{aligned} S_{Hr} &= \int_0^{\bar{x}} 2\pi x \bar{h}_H e^{-\theta x} dx = \frac{2\pi \bar{h} a(H_r)}{\theta^2} \left[1 - \left(1 + \theta \sqrt{\frac{H_r}{\pi}} \right) e^{-\theta \sqrt{\frac{H_r}{\pi}}} \right] \\ S_{Lr} &= \int_0^{\bar{x}} 2\pi x \bar{h}_L e^{-\theta x} dx = \frac{2\pi \bar{h}}{\theta^2} \left[1 - \left(1 + \theta \sqrt{\frac{L_r}{\pi}} \right) e^{-\theta \sqrt{\frac{L_r}{\pi}}} \right] \end{aligned} \quad (5.4)$$

城市 r 的劳动力数量为 $Q_r = H_r + L_r$，总有效劳动力供给 $S_r = S_{Hr} + S_{Lr}$。

5.2.2 一般均衡

根据消费者效用最大化,可以得到消费者需求函数:

$$c(i) = E/N\bar{p} - \frac{1}{\alpha}\{\text{Ln}[p(i)/N\bar{p}] + \eta\}, \quad \forall i \in \Omega \tag{5.5}$$

其中,$\bar{p}$表示平均价格,η表示价格分布的微分熵,定义如下:

$$\bar{p} \equiv \frac{1}{N}\int_\Omega p(i)di, \quad \eta \equiv -\int_\Omega (p(i)/N\bar{p})\text{Ln}[p(i)/N\bar{p}]di \tag{5.6}$$

令需求量为 0 时对应的价格为保留价格 p^d,有 $p(i) < p^d \equiv N\bar{p}e^{(\alpha E/N\bar{p}-\eta)}$。代入式(5.6)可以得到代表性消费者对产品 i 的需求量:

$$c_i = \frac{1}{\alpha}\text{Ln}[p^d/p_i] \tag{5.7}$$

对于厂商而言,利润函数可以表示为:

$$\pi_i = Q(p_i - m_i w)c_i \tag{5.8}$$

由于市场是垄断竞争结构,企业数量较多,因此保留价格并不会受到单个企业行为的影响。此时,企业利润最大化的一阶条件为:

$$\text{Ln}[p^d/p_i] = \frac{p_i - m_i w}{p_i}, \quad \forall i \in \Omega. \tag{5.9}$$

根据式(5.7)和式(5.9),当需求量 $c_i = 0$ 时,可以得到企业的生产率门槛: $m^d = p^d/w$。此时,$m > m^d$ 的企业将退出市场。将生产率门槛的表达式代入式(5.9),有:

$$em_i/m^d = mwe^{[mw/p_i]}/p_i \tag{5.10}$$

考虑朗伯 W 函数(Lambert W function)$\varphi = W(\varphi) \times e^{W(\varphi)}$,可以求解出式(5.10):

$$p(m) = mw/W, \quad c(m) = (1-W)/\alpha, \quad \pi(m) = \frac{Lmw}{\alpha}(W^{-1} + W - 2) \tag{5.11}$$

对于城市 r 而言,代表性消费者的效用最大化问题可以用式(5.12)

表示：

$$\max U_r = \sum_{l \in r,s} \int_{i=0}^{n_{lr}} (1 - e^{-\alpha c_{lr}(i)}) di$$

$$s.t. \sum_{l \in r,s} \int_{i=0}^{n_{lr}} c_{lr}(i) p_{lr}(i) di = E_r \qquad (5.12)$$

其中，E_r 表示城市 r 的居民总消费支出，$c_{lr}(i)$ 表示城市 r 的代表性消费者对城市 l 生产的产品的需求量。

求解式（5.12）可以得到城市 r 的消费者需求量：

$$c_{rr} = \frac{E_r}{\sum_{l \in r,s} n_{lr}} - \frac{1}{\alpha} \left\{ \operatorname{Ln} \left[\frac{p_{rr}}{\bar{p}_r \sum_{l \in r,s} n_{lr}} \right] + \eta_r \right\}$$

$$c_{lr} = \frac{E_r}{\sum_{l \in r,s} n_{lr}} - \frac{1}{\alpha} \left\{ \operatorname{Ln} \left[\frac{p_{lr}}{\bar{p}_r \sum_{l \in r,s} n_{lr}} \right] + \eta_r \right\} \qquad (5.13)$$

其中，$\bar{p}_r$ 和 η_r 分别表示城市 r 的平均价格和价格分布的微分熵，表示为：

$$\bar{p}_r = \frac{\sum_{l \in r,s} p_{lr}(i)}{\sum_{l \in r,s} n_{lr}}, \quad \eta_r = \sum_{l \in r,s} \int_{i=0}^{n_{lr}} \operatorname{Ln} \left[\frac{p_{lr}(i)}{\sum_{l \in r,s} n_{lr}} \right] \frac{p_{lr}(i)}{\sum_{l \in r,s} n_{lr}} di \qquad (5.14)$$

此时，根据城市 r 的代表性消费者的需求量为 0，可以得到城市 r 的保留价格：$p_r^d = \bar{p}_r e^{\frac{\alpha E_r}{\bar{p}_r \sum_{l \in r,s} n_{lr}} - \eta_r} \sum_{l \in r,s} n_{lr}$。

在多个城市的情形下，城市 r 的产品同时在所有的城市销售，利润函数为：

$$\pi_r(i) = \sum_{l \in r,s} [c_{lr}(i) - \tau_{lr} m_i w_r] \qquad (5.15)$$

其中，τ_{lr} 表示从城市 l 到城市 r 的冰山运输成本。

结合式（5.13）和式（5.15），可以得到企业利润最大化的一阶条件：

$$\operatorname{Ln}[p_l^d / p_{rl}] = (p_{rl} - \tau_{rl} m w_r) / p_{rl}, \quad l \in r,s \qquad (5.16)$$

当需求量为 0 时，对应的价格为保留价格，此时有：

$$p_l^d = \tau_{rl} m_{rl}^d w_r, \quad r,l \in r,s \qquad (5.17)$$

其中，m_{rl}^d 表示在城市 r 生产而销售到城市 l 的企业生产率门槛值。根据式

(5.17)，可以得到城市 l 和城市 r 生产率门槛值间的关系：$\dfrac{m_{ll}^d}{m_{rl}^d} = \dfrac{\tau_{rl} w_r}{\tau_{ll} w_l}$。给定城市 l 的初始进入企业数量 N_l^E，此时到城市 l 内存活的企业数量为：$N_l^p = N_l^E G_l [\max_l(m_{lr}^d) \mid \forall r \in M]$，其中 M 表示城市集合。

求解式（5.16），可以得到城市 r 生产而销售到城市 l 的产品价格、需求函数与经营利润：

$$p_{rl}(m_i) = \dfrac{\tau_{rl} m_i w_r}{W(e \tau_{rl} m_i w_r / p_l^d)}, \quad c_{rl}(m_i) = \dfrac{[1 - W(e \tau_{rl} m_i w_r / p_l^d)]}{\alpha}$$

$$\pi_{rl} = \dfrac{Q_l \tau_{rl} m_i}{\alpha} \{ [W(e \tau_{rl} m_i w_r / p_l^d)]^{-1} + W(e \tau_{rl} m_i w_r / p_l^d) - 2 \}, \quad l \in r, s$$

(5.18)

市场均衡时，所有城市的劳动力市场出清：

$$N_r^E \left[\sum_{l \in r,s} Q_l \tau_{rl} \int_0^{m_{rl}^d} m c_{rl}(m) dG_r(m) + F \right] = S_r \quad (5.19)$$

将式（5.18）代入式（5.19）中，有：

$$N_r^E \left[\sum_{l \in r,s} \dfrac{Q_l \tau_{rl}}{\alpha} \int_0^{m_{rl}^d} m \left[1 - W\left(\dfrac{e \tau_{rl} m_i w_r}{p_l^d} \right) \right] dG_r(m) + F \right] = S_r \quad (5.20)$$

对于形同 $A = \int_0^I m f[W(em/I)] dG_r(m)$ 的定积分，其中 $G_r(m)$ 是帕累托分布函数，有 $G_r(m) = (m/m_r^{\max})^k$。$W(em/I)$ 为 Lambert W 函数。当 $m \in (0, m^d)$ 时，$W \in (0, 1)$。令 $z \equiv W(em/I)$，根据 Lambert W 函数的定义，$em/I = z e^z$。此时 A 可以变形为：

$$A = \dfrac{k}{(m_r^{\max})^k} \int_0^{m^d} m^k f(z) dm = \dfrac{k I^{k+1}}{(m_r^{\max})^k e^{k+1}} \int_0^1 (1+z) z^k e^{z(k+1)} f(z) dz \quad (5.21)$$

将式（5.21）代入式（5.20）中并结合式（5.17），可将式（5.20）变形为：

$$N_r^E \left\{ \dfrac{\kappa_1}{(m_r^{\max})^k} \left[\sum_{l \in r,s} Q_l \tau_{rl} (\tau_{ll} w_l m_{ll}^d / \tau_{rl} w_r)^{k+1} \right] + F \right\} = S_r \quad (5.22)$$

均衡时，企业利润期望值为零，可以表述为：

$$\sum_{l \in r,s} Q_l \int_0^{m_{rl}^d} [p_{rl}(m) - \tau_{rl} m w_r] c_{rl}(m) dG_r(m) = w_r F \qquad (5.23)$$

令 $F(m_r^{\max})^k/\kappa_2 = T_r^{\max}$，$F(m_s^{\max})^k/\kappa_2 = T_s^{\max}$，其中 κ_2 为大于 0 的常数。同样，利用式（5.17）和式（5.20），可将式（5.23）变形为：

$$\sum_{l \in r,s} Q_l \tau_{rl} (m_{rl}^d)^{k+1} = T_r^{\max} \qquad (5.24)$$

城市间的贸易平衡条件可以表示为：

$$N_r^E \sum_{l \in r,s} Q_l \int_0^{m_{rl}^d} p_{rl}(m) c_{rl}(m) dG_r(m) = Q_r \sum_{l \in r,s} N_l^E \int_0^{m_{lr}^d} p_{lr}(m) c_{lr}(m) dG_l(m)$$
$$\qquad (5.25)$$

化简后有：

$$\frac{N_r^E w_r Q_s \tau_{rs}}{(m_r^{\max})^k} \left(\frac{\tau_{ss} w_s m_s^d}{\tau_{rs} w_r} \right)^{k+1} = \frac{N_s^E w_s L_s \tau_{sr}}{(m_s^{\max})^k} \left(\frac{\tau_{rr} w_r m_r^d}{\tau_{sr} w_s} \right)^{k+1} \qquad (5.26)$$

假设城市内部的贸易成本都相等（$\tau_{ll} = \tau_0$，$\forall l \in M$），区际贸易成本也相等（$\tau_{rl} = \tau_{lr} = \tau_1$，$\forall r, l \in M$ 且 $r \neq l$），且区内贸易成本低于区际贸易成本（$\tau_0 < \tau_1$），可以得到城市体系的空间均衡条件：

$$(H_r + L_r) \tau_0 (m_{rr}^d)^{k+1} + (H_s + L_s) \tau_1 \left(\frac{\tau_0 m_{ss}^d}{\tau_1 \omega} \right)^{k+1} = T_r^{\max}$$

$$(H_s + L_s) \tau_0 (m_{ss}^d)^{k+1} + (H_r + L_r) \tau_1 \left(\frac{\tau_0 \omega m_{rr}^d}{\tau_1} \right)^{k+1} = T_s^{\max} \qquad (5.27)$$

$$\omega^{2k+1} = \left(\frac{S_{Hr} + S_{Lr}}{S_{Hs} + S_{Ls}} \right) \frac{(H_s + L_s)}{(H_r + L_r)} \left(\frac{m_r^{\max}}{m_s^{\max}} \right)^k \left(\frac{m_{ss}^d}{m_{rr}^d} \right)^{k+1}$$

此时，空间均衡表达式 m_{rr}^d、m_{ss}^d 和 ω 为：

$$(m_{rr}^d)^{k+1} = \frac{T_r^{\max} - T_s^{\max} (\tau_0/\tau_1)^k \omega^{-(k+1)}}{(H_r + L_r) \tau_0 \left[1 - \left(\frac{\tau_0}{\tau_1} \right)^{2k} \right]}, \quad (m_{ss}^d)^{k+1} = \frac{T_s^{\max} - T_r^{\max} (\tau_0/\tau_1)^k \omega^{(k+1)}}{(H_s + L_s) \tau_0 [1 - (\tau_0/\tau_1)^{2k}]}$$

$$\qquad (5.28)$$

$$\omega^k = b \left(\frac{S_{Hr} + S_{Lr}}{S_{Hs} + S_{Ls}} \right) \frac{b - (\tau_0/\tau_1)^k \omega^{k+1}}{\omega^{k+1} - b (\tau_0/\tau_1)^k} \qquad (5.29)$$

其中，$b \equiv (m_s^{max}/m_r^{max})^k$，$\omega \equiv w_r/w_s$。

对于式（5.29）而言，等式左边是城市 r 的相对工资水平 ω 的增函数，等式右边是 ω 的减函数，当 $\omega \in (b^{\frac{1}{k+1}}(\tau_0/\tau_1)^{\frac{k}{k+1}}, b^{\frac{1}{k+1}}(\tau_1/\tau_0)^{\frac{k}{k+1}})$ 时，方程存在唯一解。

对于式（5.29）而言，均衡时的相对工资 ω 受到城市相对规模和城市内部劳动力结构的影响。假设在一定时期内不存在人口增长情形，且高技能劳动力和低技能劳动力的比例是固定的，即 $H = \delta_0 L$，$\delta_0 > 0$。令城市 r 的高技能劳动力占比为 δ_H，即 $H_r = \delta_H H$，低技能劳动力占比为 δ_L，即 $L_r = \delta_L L$。

在此假定知识溢出对高技能型员工的劳动力供给的提升作用表现为式（5.30）：

$$a(H_j) = 1 + (H_j)^2, \quad j = r, s \tag{5.30}$$

5.3 数值模拟

在上文中，工资收入将导致城市间异质性劳动力流动。除了这些因素以外，房租也是引起城市间劳动力流动的重要影响因素。现实中，地方政府通过房地产开发等手段可以为人口的空间集聚提供住所，假设所有的劳动力都能找到住房。这样可以为下文分析"以房地产开发等政策手段促进人口的空间集聚来推进城镇化"这一推进路径是否可行，提供更相符的前提假设。本书将劳动力迁移决策函数设定为劳动力净收入。接下来，我们将利用数值模拟方法，考察城市间异质性劳动力的工资、房租以及净收入导致的城市均衡结构。

5.3.1 异质性劳动力的工资

对于异质性劳动力而言，知识溢出会导致高技能劳动力的人均净劳动力供

给 $\bar{h}_H$ 增加,存在生产率溢价(premium)(即 H^2)。因此,同一城市中两类劳动力的工资之间的关系可以表示为:

$$w_{Hr} = \left[1 + \left(\frac{\delta_0 \delta_H}{1 + \delta_0}\right)^2\right] w_{Lr}, \quad w_{Hs} = \left[1 + \left(\frac{\delta_0(1 - \delta_H)}{1 + \delta_0}\right)^2\right] w_{Ls}, \quad \omega = \frac{w_{Lr}}{w_{Ls}}$$

(5.31)

令城市 s 的绝对工资为 1,利用 Matlab 7.0 软件通过数值模拟,① 可以得到不同经济类型下(分别在 $\delta_0 = \frac{1}{3}$,1,3 这三种情形下)城市 r 的低技能劳动力工资 w_{Lr}(见表 5.1a、表 5.1b 和表 5.1c)。

表 5.1a 城市 r 低技能劳动力工资 w_{Lr} 的数值模拟结果:$\delta_0 = \frac{1}{3}$

		δ_L									
		0	0.1	0.2	0.3	0.4	0.5	0.6	0.7	0.8	0.9	1
δ_H	0		0.447	0.478	0.504	0.526	0.546	0.567	0.588	0.612	0.637	0.671
	0.1	0.418	0.460	0.490	0.510	0.534	0.556	0.576	0.598	0.622	0.648	0.686
	0.2	0.433	0.472	0.498	0.522	0.544	0.564	0.585	0.607	0.632	0.662	0.701
	0.3	0.447	0.483	0.507	0.531	0.553	0.573	0.594	0.617	0.643	0.674	0.717
	0.4	0.460	0.493	0.517	0.539	0.560	0.582	0.603	0.627	0.654	0.687	0.735
	0.5	0.472	0.502	0.526	0.548	0.568	0.59	0.612	0.637	0.665	0.703	0.755
	0.6	0.483	0.511	0.534	0.556	0.577	0.598	0.622	0.647	0.678	0.717	0.779
	0.7	0.493	0.520	0.543	0.564	0.586	0.607	0.632	0.658	0.692	0.735	0.808
	0.8	0.503	0.528	0.552	0.574	0.595	0.617	0.643	0.671	0.706	0.755	0.845
	0.9	0.513	0.537	0.56	0.582	0.604	0.627	0.657	0.684	0.723	0.780	0.899
	1	0.522	0.547	0.569	0.592	0.614	0.637	0.666	0.698	0.743	0.812	

---

① 本书数值模拟中,$\left\{k, \frac{m_s^{max}}{m_r^{max}}, \frac{\tau_0}{\tau_1}, \theta, \bar{h}\right\} = \{2, 0.5, 0.5, 1, 8\}$。

表 5.1b　城市 r 低技能劳动力工资 w_L 的数值模拟结果：$\delta_0 = 1$

		δ_L									
		0	0.1	0.2	0.3	0.4	0.5	0.6	0.7	0.8	0.9	1
δ_H	0		0.418	0.434	0.448	0.460	0.472	0.483	0.493	0.503	0.512	0.522
	0.1	0.430	0.456	0.46	0.493	0.507	0.522	0.535	0.549	0.562	0.575	0.592
	0.2	0.456	0.477	0.495	0.511	0.525	0.538	0.553	0.568	0.581	0.596	0.612
	0.3	0.477	0.497	0.513	0.527	0.542	0.556	0.569	0.583	0.599	0.615	0.633
	0.4	0.497	0.514	0.530	0.545	0.559	0.573	0.587	0.603	0.617	0.636	0.656
	0.5	0.515	0.532	0.547	0.561	0.576	0.590	0.605	0.621	0.638	0.657	0.681
	0.6	0.533	0.549	0.564	0.578	0.593	0.607	0.624	0.641	0.660	0.683	0.710
	0.7	0.547	0.567	0.581	0.596	0.612	0.627	0.645	0.664	0.685	0.695	0.708
	0.8	0.569	0.585	0.600	0.615	0.631	0.647	0.667	0.687	0.713	0.745	0.789
	0.9	0.587	0.604	0.620	0.636	0.653	0.672	0.693	0.717	0.748	0.789	0.855
	1	0.609	0.626	0.642	0.658	0.678	0.701	0.724	0.754	0.795	0.857	

表 5.1c　城市 r 低技能劳动力工资 w_L 的数值模拟结果：$\delta_0 = 3$

		δ_L									
		0	0.1	0.2	0.3	0.4	0.5	0.6	0.7	0.8	0.9	1
δ_H	0		0.413	0.425	0.435	0.445	0.455	0.462	0.470	0.478	0.484	0.491
	0.1	0.438	0.450	0.459	0.468	0.476	0.483	0.491	0.498	0.505	0.512	0.518
	0.2	0.470	0.478	0.487	0.495	0.503	0.510	0.517	0.524	0.500	0.538	0.544
	0.3	0.498	0.506	0.514	0.522	0.529	0.536	0.543	0.550	0.557	0.564	0.571
	0.4	0.525	0.533	0.541	0.547	0.555	0.563	0.569	0.577	0.584	0.592	0.600
	0.5	0.553	0.560	0.568	0.575	0.583	0.590	0.598	0.606	0.614	0.623	0.632
	0.6	0.580	0.588	0.596	0.604	0.612	0.620	0.627	0.637	0.646	0.656	0.667
	0.7	0.10	0.617	0.626	0.634	0.643	0.652	0.662	0.672	0.683	0.695	0.708
	0.8	0.642	0.650	0.659	0.668	0.678	0.688	0.700	0.713	0.726	0.742	0.760
	0.9	0.677	0.696	0.697	0.708	0.720	0.733	0.748	0.763	0.783	0.805	0.834
	1	0.720	0.732	0.745	0.759	0.775	0.794	0.815	0.841	0.874	0.920	

对于三种不同类型的经济体,可以看出,具有技术比较劣势的城市 ($\frac{m_s^{\max}}{m_r^{\max}} = \frac{1}{2}$) r,其低技能劳动力的工资 w_{Lr} 总会低于技术比较优势的城市 s 的低技能劳动力工资 w_{Ls},其中 $w_{Ls} \equiv 1$。根据式(5.30),可以发现,具有技术比较优势的城市 s 的高技能劳动力的工资同样更高,即 $w_{Hs} > w_{Hr}$。

命题 5.1a:企业生产率的异质性将导致城市技术比较优势的差异,后者是导致城市间劳动力工资不同的根本原因:具有技术比较优势的城市,其劳动力工资会更高,这对高技能和低技能的劳动力都是如此。

表 5.1a、表 5.1b 和表 5.1c 的结果都稳健地表明,具有技术比较劣势的城市 r 的低技能劳动力工资都小于 1,即城市 s 的低技能劳动力的工资。这一结论在密集型经济、中性经济和知识密集型经济中都是成立的。此外,为了稳健性考虑,本书对 $\frac{m_s^{\max}}{m_r^{\max}}$ 进行了多组取值,包括 $\frac{1}{8}$、$\frac{1}{6}$ 和 $\frac{1}{4}$ 这三种情形,① 结论都支持了命题 5.1a 的成立。②

命题 5.1b:劳动力在城市的集聚具有工资提升效应,这种效应同时存在于高技能和低技能这两类劳动力上;而且工资提升效应体现出了一定的溢出性:低技能劳动力的增加会提升高技能劳动力的工资,而高技能劳动力的增加同样会提升低技能劳动力的工资。

从表 5.1a、表 5.1b 和表 5.1c 可以看出,尽管城市 r 的两类劳动力的工资都较低,但随着城市 r 劳动力份额的增加,不论是高技能劳动力还是低技能劳动力份额的增加,都将会同时提高这两类劳动力的工资。

---

① 对于 $\frac{m_s^{\max}}{m_r^{\max}}$ 为 2、4、6 和 8 的情形,实际上和本书对应取值为 $\frac{1}{2}$、$\frac{1}{4}$、$\frac{1}{6}$ 和 $\frac{1}{8}$ 的情形是相同的,只不过此时城市 s 变成了技术比较优势的城市。

② 当 $\frac{m_s^{\max}}{m_r^{\max}}$ 取值为 1 时,表示两个城市技术相同的情形。

5.3.2 异质性劳动力的房租

对于同一类劳动力而言,在城市内所有区位的净工资是相同的,即 $\omega(x_r) - R(x_r) = \omega(\bar{x})s(\bar{x}) - R(\bar{x})$,其中 $R(x_r)$ 表示离 CBD 为 x_r 距离的房租。假设城市边界处的地租为 0,即 $R(\bar{x}) = 0$。均衡时的房租可以表示为 $R^*(x_r) = w(e^{-L_r x_r} - e^{-L_r \bar{x}})\bar{h}$。令高技能劳动力和低技能劳动力住房市场是分离的,此时可以得到城市 r 两类房租的平均值,分别为:

$$\bar{R}(x_{Hr}) = \frac{\int_0^{\bar{x}} 2\pi R^*(x_{Hr}) dx_{Hr}}{H_r} = \frac{2\pi \omega_{Hr} \bar{h}_{Hr}}{\theta^2} \left[1 - \left(1 + \theta\sqrt{\frac{H_r}{\pi}} + \frac{\theta^2 H_r}{2\pi}\right) e^{-\theta\sqrt{\frac{H_r}{\pi}}} \right],$$

$$\bar{R}(x_{Lr}) = \frac{\int_0^{\bar{x}} 2\pi R^*(x_{Lr}) dx_{Lr}}{L_r} = \frac{2\pi \omega_L \bar{h}}{\theta^2} \left[1 - \left(1 + \theta\sqrt{\frac{L_r}{\pi}} + \frac{\theta^2 L_r}{2\pi}\right) e^{-\theta\sqrt{\frac{L_r}{\pi}}} \right]$$

(5.32)

同理,可以得到城市 s 两类房租的平均值:

$$\bar{R}(x_{Hs}) = \frac{\int_0^{\bar{x}} 2\pi R^*(x_{Hs}) dx_{Hs}}{H - H_r} = \frac{2\pi \omega_{Hs} \bar{h}_{Hs}}{\theta^2} \left[1 - \left(1 + \theta\sqrt{\frac{H - H_r}{\pi}} + \frac{\theta^2 (H - H_r)}{2\pi}\right) e^{-\theta\sqrt{\frac{H - H_r}{\pi}}} \right],$$

$$\bar{R}(x_{Ls}) = \frac{\int_0^{\bar{x}} 2\pi R^*(x_{Ls}) dx_{Ls}}{L - L_r} = \frac{2\pi \bar{h}}{\theta^2} \left[1 - \left(1 + \theta\sqrt{\frac{L - L_r}{\pi}} + \frac{\theta^2 (L - L_r)}{2\pi}\right) e^{-\theta\sqrt{\frac{L - L_r}{\pi}}} \right]$$

(5.33)

根据式(5.32)和式(5.33)可以数值模拟得到不同经济体(即高技能劳动力的比例)内,这两个城市两类劳动力的房租均值。

5.3.3 城市空间结构的均衡状态

在本书中,将高技能劳动力和低技能劳动力的流动方程分别设定如下:

$$\left(\frac{N_{Hr}}{N_{Hs}} - 1\right)\delta_H(1 - \delta_H) = 0, \quad \left(\frac{N_{Lr}}{N_{Ls}} - 1\right)\delta_L(1 - \delta_L) = 0 \quad (5.34)$$

其中，N_{Hr} 和 N_{Hs} 分别表示城市 r 和 s 高技能劳动力的净收入，定义为 $N_{Hr} \equiv w_{Hr} - \overline{R}(x_{Hr})$ 与 $N_{Hs} \equiv w_{Hs} - \overline{R}(x_{Hs})$；$N_{Lr}$ 和 N_{Ls} 分别表示城市 r 和 s 低技能劳动力的净收入，定义为 $N_{Lr} \equiv w_{Lr} - \overline{R}(x_{Lr})$ 和 $N_{Ls} \equiv w_{Ls} - \overline{R}(x_{Ls})$。长期均衡下，联立方程（5.34）的解为 $(\hat{\delta}_H, \hat{\delta}_L)$，即城市间两类劳动力的分布同时达到稳定均衡。

对于城市空间结构而言，不同经济体内的城市均衡状态也会不同。接下来将分劳动密集型（$\delta_0 = \frac{1}{3}$）、中等情形（$\delta_0 = 1$）和知识密集型（$\delta_0 = 3$）这三类经济体进行分析。

（1）劳动密集型经济体。

劳动密集型经济体内，城市间低技能劳动力净收入之比和高技能劳动力净收入之比的数值模拟结果分别如表 5.2a 和表 5.2b 所示。

表 5.2a　城市间低技能劳动力净收入之比：$\delta_0 = \frac{1}{3}$

δ_H \ δ_L	0	0.1	0.2	0.3	0.4	0.5	0.6	0.7	0.8	0.9	1
0		1.065	0.895	0.758	0.643	0.546	0.464	0.391	0.327	0.267	0.214
0.1	1.308	1.096	0.918	0.767	0.653	0.556	0.471	0.398	0.332	0.272	0.219
0.2	1.355	1.124	0.933	0.785	0.665	0.564	0.478	0.404	0.337	0.278	0.224
0.3	1.399	1.151	0.949	0.799	0.676	0.573	0.486	0.410	0.343	0.283	0.229
0.4	1.440	1.174	0.968	0.811	0.685	0.582	0.493	0.417	0.349	0.288	0.235
0.5	1.477	1.196	0.985	0.824	0.695	0.590	0.500	0.424	0.355	0.295	0.241
0.6	1.512	1.217	1.000	0.836	0.706	0.598	0.509	0.430	0.362	0.301	0.249
0.7	1.543	1.239	1.017	0.848	0.717	0.607	0.517	0.438	0.370	0.309	0.258
0.8	1.574	1.258	1.034	0.863	0.728	0.617	0.526	0.446	0.377	0.317	0.270
0.9	1.606	1.279	1.049	0.875	0.739	0.627	0.537	0.455	0.386	0.327	0.287
1	1.634	1.303	1.066	0.890	0.751	0.637	0.545	0.464	0.397	0.341	

注：表中完全的 (δ_H, δ_L) 为 $(0, 0)$ 和 $(1, 1)$ 的取值时为单城市的情形，因此数值模拟没有给出相应的值。

表 5.2b 城市间高技能劳动力净收入之比：$\delta_0 = \dfrac{1}{3}$

δ_H \ δ_L	0	0.1	0.2	0.3	0.4	0.5	0.6	0.7	0.8	0.9	1
0		0.502	0.537	0.566	0.591	0.613	0.637	0.660	0.687	0.715	0.754
0.1	0.459	0.506	0.539	0.560	0.587	0.611	0.633	0.657	0.684	0.712	0.754
0.2	0.465	0.507	0.535	0.560	0.584	0.606	0.628	0.652	0.679	0.711	0.753
0.3	0.469	0.506	0.532	0.557	0.580	0.601	0.623	0.647	0.674	0.707	0.752
0.4	0.471	0.505	0.529	0.552	0.573	0.596	0.617	0.642	0.670	0.703	0.753
0.5	0.472	0.502	0.526	0.548	0.568	0.590	0.612	0.637	0.665	0.703	0.755
0.6	0.472	0.499	0.521	0.543	0.563	0.584	0.607	0.632	0.662	0.700	0.761
0.7	0.470	0.496	0.518	0.538	0.559	0.579	0.603	0.628	0.660	0.701	0.771
0.8	0.468	0.492	0.514	0.535	0.554	0.575	0.599	0.625	0.658	0.703	0.787
0.9	0.467	0.489	0.510	0.530	0.550	0.571	0.598	0.622	0.658	0.710	0.818
1	0.465	0.487	0.507	0.527	0.547	0.567	0.593	0.622	0.662	0.723	

注：表中完全的 (δ_H, δ_L) 为 (0, 0) 和 (1, 1) 的取值时为单城市的情形，因此数值模拟没有给出相应的值。

在劳动密集型经济中，由于高技能劳动力比例很低，整个经济体中以低技能劳动力为主。因此，由于高技能劳动力数量较少，知识溢出效应并不明显，即使所有的高技能劳动力更多集聚于技术比较劣势的城市 r，这一城市的工资仍然相对较低。也就是说，高技能劳动力知识溢出带来的工资溢价，不足以弥补城市技术劣势带来的工资损失。因此，在劳动密集型经济中，均衡时所有高技能劳动力将集聚在技术比较优势的城市 s，即 $\delta_H = 0$。这也正好解释了，为什么现实中高技能劳动力在就业选择中，都将如"北上广"这样兼具规模与技术优势的大城市作为首选，解释了技术相对落后的小城市为什么留不住高技能人才，以及我国"自然村渐逝"现象的出现。

命题 5.2：创造高净收入的大城市技术比较优势，是高技能劳动力集聚在大城市的根源。

由于 $\hat{\delta}_H = 0$，对于低技能劳动力而言，根据劳动力流动方程式（5.34）和表 5.2a，低技能劳动的均衡区位为 $\delta_L \in [0.1, 0.2]$，即部分低技能劳动力将定位于技术比较劣势的城市 r。这主要的原因是,经济体内低技能的劳动力较多,而此类劳动力大量集聚于城市 s,会推动该地区的房租上涨,进而降低净收入。这种市场拥挤效应将会迫使部分低技能的劳动力迁移到技术比较劣势的城市 r。

(2) 中等情形经济体。

中等情形经济体内,城市间低技能劳动力净收入之比和高技能劳动力净收入之比的数值模拟结果分别如表 5.3a 和表 5.3b 所示。

表 5.3a 城市间低技能劳动力净收入之比:$\delta_0 = 1$

δ_H \ δ_L	0	0.1	0.2	0.3	0.4	0.5	0.6	0.7	0.8	0.9	1
0		0.626	0.587	0.548	0.509	0.472	0.437	0.403	0.372	0.342	0.316
0.1	0.711	0.683	0.623	0.603	0.561	0.522	0.484	0.449	0.415	0.384	0.358
0.2	0.754	0.715	0.670	0.625	0.580	0.538	0.500	0.464	0.429	0.398	0.370
0.3	0.789	0.745	0.694	0.645	0.599	0.556	0.515	0.477	0.443	0.410	0.383
0.4	0.822	0.770	0.717	0.667	0.618	0.573	0.531	0.493	0.456	0.424	0.397
0.5	0.852	0.797	0.740	0.686	0.637	0.590	0.547	0.508	0.471	0.438	0.412
0.6	0.882	0.823	0.763	0.707	0.656	0.607	0.564	0.524	0.488	0.456	0.429
0.7	0.905	0.850	0.786	0.729	0.677	0.627	0.583	0.543	0.506	0.464	0.428
0.8	0.941	0.877	0.812	0.752	0.698	0.647	0.603	0.562	0.527	0.497	0.477
0.9	0.971	0.905	0.839	0.778	0.722	0.672	0.627	0.586	0.553	0.527	0.517
1	1.008	0.938	0.869	0.805	0.750	0.701	0.655	0.617	0.587	0.572	

注:表中完全的 (δ_H, δ_L) 为 (0, 0) 和 (1, 1) 的取值时为单城市的情形,因此数值模拟没有给出相应的值。

表 5.3b 城市间高技能劳动力净收入之比:$\delta_0 = 1$

δ_H \ δ_L	0	0.1	0.2	0.3	0.4	0.5	0.6	0.7	0.8	0.9	1
0		0.661	0.687	0.709	0.728	0.747	0.764	0.780	0.796	0.810	0.826
0.1	0.601	0.637	0.643	0.689	0.708	0.729	0.747	0.767	0.785	0.803	0.827
0.2	0.575	0.602	0.624	0.644	0.662	0.679	0.697	0.716	0.733	0.752	0.772

续表

δ_H \ δ_L	0	0.1	0.2	0.3	0.4	0.5	0.6	0.7	0.8	0.9	1
0.3	0.552	0.575	0.594	0.610	0.627	0.644	0.659	0.675	0.693	0.712	0.733
0.4	0.533	0.552	0.569	0.585	0.600	0.615	0.630	0.647	0.662	0.683	0.704
0.5	0.515	0.532	0.547	0.561	0.576	0.590	0.605	0.621	0.638	0.657	0.681
0.6	0.497	0.512	0.525	0.539	0.553	0.566	0.581	0.597	0.615	0.636	0.662
0.7	0.473	0.490	0.502	0.515	0.529	0.542	0.557	0.574	0.592	0.600	0.612
0.8	0.451	0.464	0.476	0.488	0.500	0.513	0.529	0.545	0.565	0.591	0.626
0.9	0.420	0.432	0.444	0.455	0.468	0.481	0.496	0.513	0.536	0.565	0.612
1	0.385	0.396	0.406	0.416	0.428	0.443	0.458	0.476	0.502	0.542	

注：表中完全的（δ_H，δ_L）为（0，0）和（1，1）的取值时为单城市的情形，因此数值模拟没有给出相应的值。

在表5.3b中，经济体中的高技能劳动力相对较多，其集聚可以充分发挥高技能劳动力的知识溢出作用。当高技能劳动力大部分都集聚在技术处于比较优势的城市 s 时，此时尽管城市 s 的高技能劳动力的净收入仍相对较低，但两者的差别并不大，比较接近于1。随着高技能劳动力从城市 s 向城市 r 转移，此时知识溢出效应和城市技术比较优势效应同时发挥作用，导致两个城市间的高技能劳动力净收入的差距越来越大。对于城市间不同的低技能劳动力结构 δ_L 而言，这种趋势都很显著且稳健。均衡时，所有的高技能劳动力将集聚在城市 s，即城市 r 的高技能劳动力市场均衡份额 $\hat{\delta}_H = 0$。

而当 $\hat{\delta}_H = 0$ 时，此时城市 r 和 s 的低技能劳动净收入之比总是小于1。均衡时，所有的低技能劳动力都集聚于城市 s，即 $\hat{\delta}_L = 0$。

（3）知识密集型经济体。

知识密集型经济体内，城市间低技能劳动力净收入之比和高技能劳动力净收入之比的数值模拟结果分别见表5.4a和表5.4b。

表 5.4a 城市间低技能劳动力净收入之比：$\delta_0 = 3$

δ_H \ δ_L	0	0.1	0.2	0.3	0.4	0.5	0.6	0.7	0.8	0.9	1
0		0.473	0.471	0.466	0.461	0.455	0.446	0.439	0.431	0.423	0.416
0.1	0.517	0.515	0.509	0.501	0.493	0.483	0.474	0.465	0.456	0.447	0.439
0.2	0.555	0.547	0.540	0.530	0.521	0.510	0.499	0.489	0.451	0.470	0.461
0.3	0.588	0.579	0.570	0.559	0.548	0.536	0.525	0.513	0.503	0.493	0.484
0.4	0.619	0.610	0.600	0.586	0.575	0.563	0.550	0.539	0.527	0.517	0.509
0.5	0.652	0.641	0.629	0.616	0.604	0.590	0.578	0.566	0.554	0.544	0.536
0.6	0.684	0.673	0.661	0.647	0.634	0.620	0.606	0.595	0.583	0.573	0.565
0.7	0.720	0.707	0.694	0.679	0.666	0.652	0.639	0.627	0.616	0.607	0.600
0.8	0.757	0.744	0.730	0.716	0.702	0.688	0.676	0.665	0.655	0.648	0.644
0.9	0.799	0.797	0.772	0.759	0.745	0.733	0.723	0.712	0.707	0.703	0.707
1	0.849	0.838	0.826	0.813	0.802	0.794	0.787	0.785	0.789	0.803	

注：表中完全的 (δ_H, δ_L) 为 (0, 0) 和 (1, 1) 的取值时为单城市的情形，因此数值模拟没有给出相应的值。

表 5.4b 城市间高技能劳动力净收入之比：$\delta_0 = 3$

δ_H \ δ_L	0	0.1	0.2	0.3	0.4	0.5	0.6	0.7	0.8	0.9	1
0		-4.176	-4.297	-4.398	-4.499	-4.600	-4.671	-4.752	-4.833	-4.894	-4.964
0.1	2.123	2.181	2.225	2.268	2.307	2.341	2.380	2.414	2.448	2.482	2.511
0.2	1.046	1.063	1.083	1.101	1.119	1.135	1.150	1.166	1.112	1.197	1.210
0.3	0.767	0.779	0.791	0.804	0.815	0.825	0.836	0.847	0.858	0.868	0.879
0.4	0.636	0.646	0.656	0.663	0.673	0.682	0.690	0.699	0.708	0.718	0.727
0.5	0.553	0.560	0.568	0.575	0.583	0.590	0.598	0.606	0.614	0.623	0.632
0.6	0.478	0.485	0.492	0.498	0.505	0.511	0.517	0.526	0.533	0.541	0.550
0.7	0.365	0.401	0.407	0.412	0.418	0.423	0.430	0.436	0.444	0.451	0.460
0.8	0.289	0.292	0.296	0.300	0.305	0.309	0.315	0.320	0.326	0.334	0.342
0.9	0.140	0.144	0.144	0.146	0.149	0.151	0.154	0.157	0.162	0.166	0.172
1	-0.071	-0.072	-0.074	-0.075	-0.077	-0.079	-0.081	-0.083	-0.086	-0.091	

注：表中完全的 (δ_H, δ_L) 为 (0, 0) 和 (1, 1) 的取值时为单城市的情形，因此数值模拟没有给出相应的值。

第5章 异质性企业空间选择的城镇化效应研究

当经济体为知识密集型经济时,此时城市 r 和 s 的低技能劳动净收入之比总是小于1,因此,对于低技能劳动力而言,均衡时都将集聚于技术比较优势的城市 s,即 $\hat{\delta}_L = 0$。而当 $\hat{\delta}_L = 0$ 时,根据劳动力流动方程式(5.34),均衡时高技能劳动力净收入之比应为1,或者为完全的中心—外围结构。根据表5.4b 可以发现,均衡时 $\hat{\delta}_H \in [0.2, 0.3]$。

可以进一步将城市空间均衡结构及其影响因素归纳为表5.5。

表5.5 城市均衡结构:一般情形

	劳动类型	数量	技术效应	知识溢出效应	拥挤效应	均衡结构
劳动密集型	高技能	少	强	弱	弱	中心—外围
	低技能	多	强	无	强	非对称均衡
中等情形	高技能	中等	强	中等	中等	中心—外围
	低技能	中等	强	无	中等	中心—外围
知识密集型	高技能	多	强	强	强	非对称均衡
	低技能	少	强	无	弱	中心—外围

表5.5中,技术效应表现为具有技术比较优势的大城市创造的高工资对劳动力的集聚力,后者在三种经济体中对于两类劳动力而言都较大;知识溢出效应仅仅对高技能劳动力起作用,与经济体内的高技能劳动力数量有关;而拥挤效应主要是指异质性劳动力集聚引起的高房租成本,与对应类型的劳动力数量有关。

命题5.3:城市空间均衡结构是技术效应、知识溢出效应和拥挤效应共同作用的结果。而大城市技术效应的存在,使得城市空间均衡结构整体偏向于以大城市为核心的非对称结构或中心—外围结构。

结合三种经济体下城市间劳动力净收入的数值模拟结果和表5.5容易发现,尽管拥挤效应会阻碍劳动力的集聚,但由于大城市技术比较优势产生的技术效应过强,导致两类劳动力在总体上都偏向集聚于具有技术比较优势的大城市。仅当经济体中的某一类劳动力过多时,市场拥挤效应才会迫使部分这类劳动力迁移到具有技术比较劣势的小城市。

5.4 城市空间结构：反事实与对比分析

为了考察知识溢出对城市均衡结构的影响，接下来将考察两个城市技术比较优势相同情形以及无知识溢出情形各自对应的城市均衡结构，并与上文的城市均衡结构进行对比分析，考察城市比较优势和知识溢出对城市均衡分布的净效应。

5.4.1 反事实分析：技术优势相同

这一分析将剔除城市技术比较优势的影响。具体来讲，令 $m_s^{max} = m_r^{max}$。同上文分析，可以得到不同经济体下的城市均衡结构。

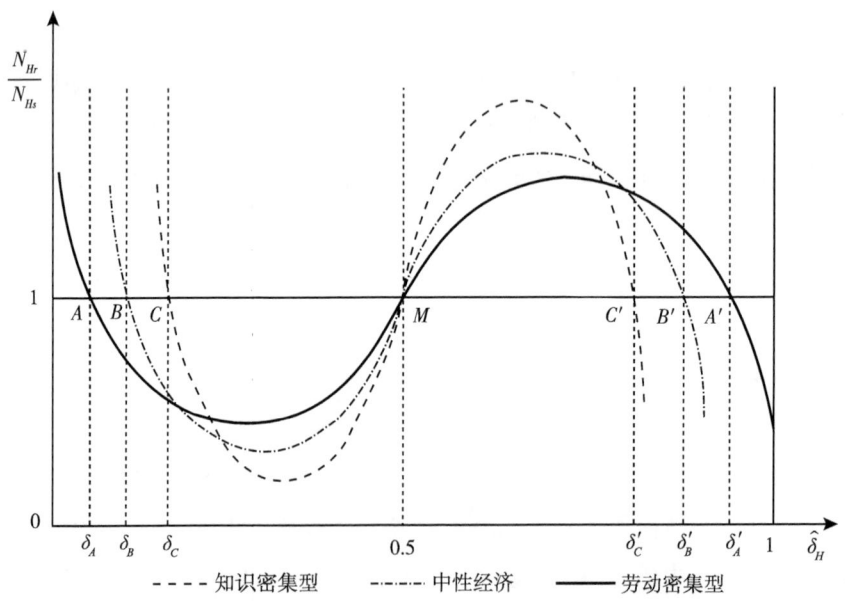

图 5.1　城市间劳动力分布的滚摆线图解：技术比较优势相同

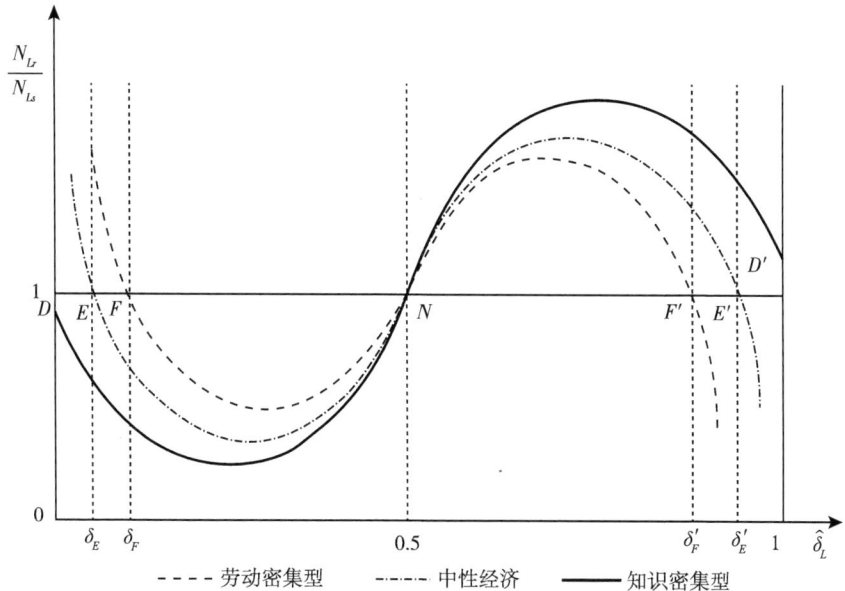

图 5.1 城市间劳动力分布的滚摆线图解：技术比较优势相同（续图）

图 5.1 上下图分别表示技术比较优势相同时高技能和低技能劳动力分布的滚摆线图解。在图 5.1 上图中，对于不同经济体而言，其高技能劳动力都对应有三个均衡点：知识密集型经济对应的均衡点为 C 点、C′点和 M 点；中性经济对应的均衡点为 B 点、B′点和 M 点；劳动密集型经济对应的均衡点为 A 点、A′点和 M 点。在图 5.1 下图中，和高技能劳动力的城市均衡分布类似，低技能劳动力在劳动密集型经济体下有两个稳定均衡点 F 点和 F′点；中性经济下的稳定均衡点为 E 点和 E′点；知识密集型经济的稳定均衡点为 D 点和 D′点。此时，(δ_A, δ_F)、$(\delta_{A'}, \delta_{F'})$、$(\delta_B, \delta_E)$、$(\delta_{B'}, \delta_{E'})$、$(\delta_C, 0)$ 和 $(\delta_{C'}, 1)$ 为劳动力流动方程（5.34）的均衡解。

以知识密集型经济为例，从对称均衡（M 点）开始，当城市 r 的高技能劳动力份额 $\hat{\delta}_H$ 为 0.5，随着高技能劳动力份额稍微提高，城市 r 与城市 s 的净收入之比将大于 1，促使高技能劳动力向城市 r 转移；而随着高技能劳动力份额 $\hat{\delta}_H$ 稍微降低，城市间的净收入之比将小于 1，高技能劳动力将进一步向城市 s 迁移。也就是说，在 M 点这一对称均衡下，高技能劳动力移动趋势会进一步自我强化，故 M 点对应的对称均衡结构是不稳定的。当高技能劳动力份额为 δ_C 或 δ'_C 时，随着份额的进一步扩大，城市 r 高技能劳动力净收入将低于城市 s，阻碍城市 r 高技能劳动力份额的进一步扩大；而随着 $\hat{\delta}_H$ 降低，城市 r 高技能劳动力净收入将高于城市 s，阻碍城市 r 高技能劳动力向城市 s 迁移，最终在 C 点和 C'点对应的 δ_C 或 δ'_C 达到均衡。对中性经济和劳动密集型经济而言，对称均衡都是非稳定均衡，而非对称均衡是稳定均衡，B 点或 B'点与 A 点或 A'点是各自对应的城市稳定均衡结构。对比这三种经济体，高技能劳动力在知识密集型经济下于城市间分布最均匀，中性经济次之，而劳动密集型经济最不均匀。类似地，在三种经济体下，图 5.1 下图中，N 点对应的对称均衡都是非稳定均衡；低技能劳动力的移动趋势也会进一步强化，在微小的外部冲击下将过渡到其他稳定均衡点。此时，低技能劳动力在劳动密集型经济下于城市间分布最均匀，中性经济次之，而知识密集型经济最集中。

5.4.2 反事实分析：无知识溢出

当高技能劳动力的集聚不存在知识溢出时，可以得到不同（δ_H，δ_L）下城市间两种劳动力净收入的模拟结果。

图 5.2 上下图分别为无知识溢出情形下高技能和低技能劳动力分布的滚摆线图解。在图 5.2 上图中，对于知识密集型、中性经济和劳动力密集这三种不同的经济体而言，其高技能劳动力对应的稳定均衡点分别为 A、B 和 C，城市 r 相应的高技能劳动力份额分别为 0、δ_B 和 δ_C；在图 5.2 下图中，低技能劳动力在三种经济体下相应的稳定均衡点分别为 D、E 和 F，城市 r 相应的低技能劳动力份额分别为 0、0 和 δ_F。此时，（0，δ_F）与（δ_B，0）和（δ_C，0）为劳动力流动方程（5.34）的均衡解。

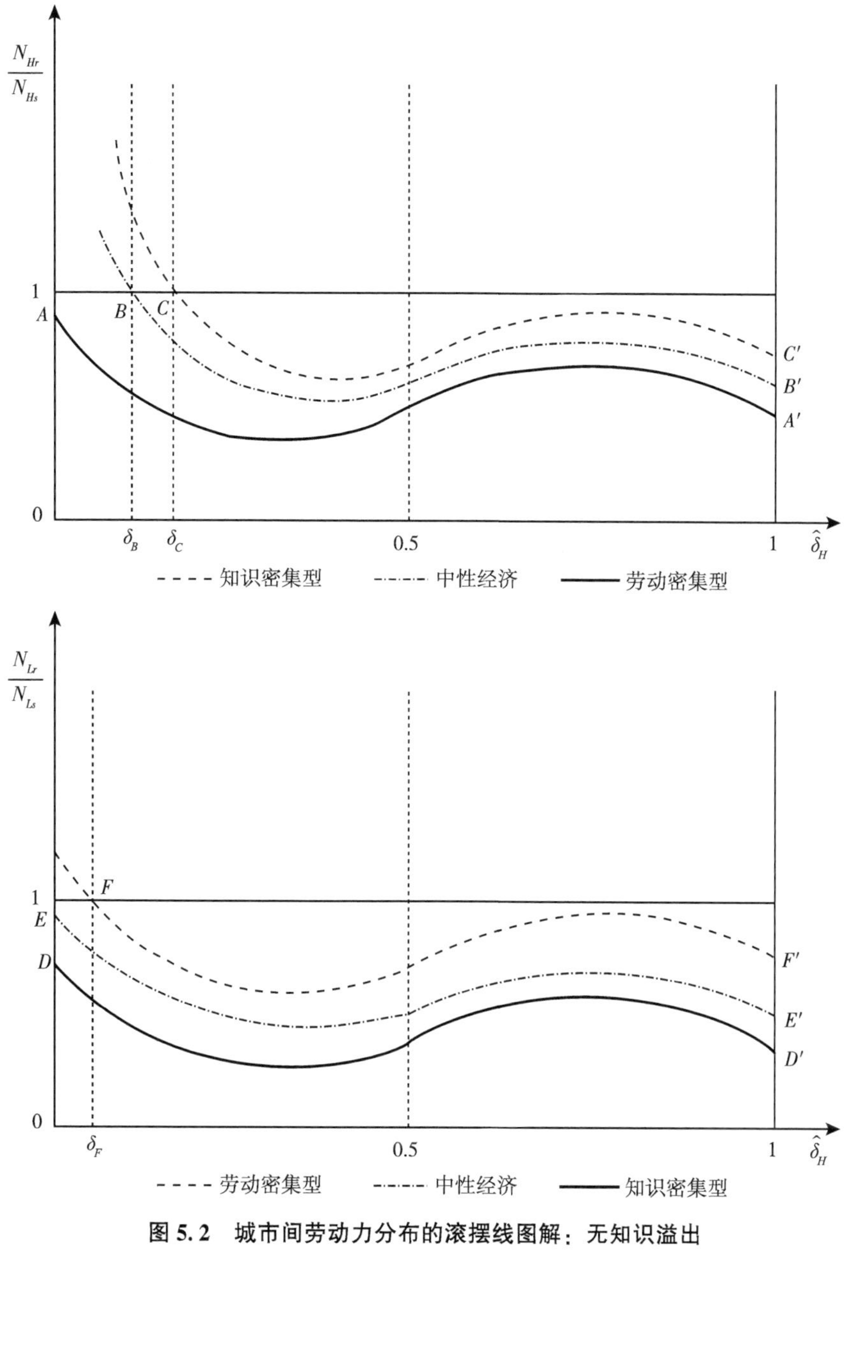

第 5 章 异质性企业空间选择的城镇化效应研究

图 5.2 城市间劳动力分布的滚摆线图解：无知识溢出

5.4.3 对比分析

下面将分三种情形对城市间劳动力均衡分布进行对比分析：（A）一般情形；（B）技术优势相同；（C）无知识溢出。表 5.6 是三种情形下劳动力流动方程式（5.34）的均衡解。

表 5.6 城市均衡结构 $(\hat{\delta}_H, \hat{\delta}_L)$ 对比分析

	（A）一般情形	（B）技术优势相同	（C）无知识溢出
劳动密集型（1）	$(0, |0.1, 0.2|)$	$(|0.1, 0.2|, |0.2, 0.3|)$ 或 $(|0.8, 0.9|, |0.7, 0.8|)$	$(0, |0.1, 0.2|)$
中性经济（2）	$(0, 0)$	$(|0.2, 0.3|, |0.1, 0.2|)$ 或 $(|0.7, 0.8|, |0.7, 0.8|)$	$(|0.1, 0.2|, 0)$
知识密集型（3）	$(|0.2, 0.3|, 0)$	$(\hat{\delta}_H \in [0.3, 0.4], 0)$ 或 $(|0.6, 0.7|, 1)$	$(|0.2, 0.3|, 0)$

注：①数值模拟的参数取值同上文；②符号"｜｜"表示区间。

（B）和（A）的区别，正好是城市技术比较优势对城市间劳动力均衡分布的影响；（C）和（A）的区别，则是知识溢出对城市均衡结构的影响。

5.4.3.1 城市技术比较优势对城市均衡分布的影响

在图 5.3 中，分别在劳动密集型、中性经济和知识密集型这三种经济体中，考察情形（A）和情形（B）下两类劳动力在城市间的均衡分布。

图 5.3 中，A 点和 B 点分别表示表 5.5 中对应的情形，下标表示表 5.5 中对应的经济体，上标表示存在多个稳定均衡点时其中的一种。以 B_1^2 为例，其表示技术优势相同时劳动密集型的稳定均衡点 2。从图 5.3 可以看出，引入城市技术比较优势后，城市的两类劳动力分布都更加集中在具有技术比较优势的城市 s。

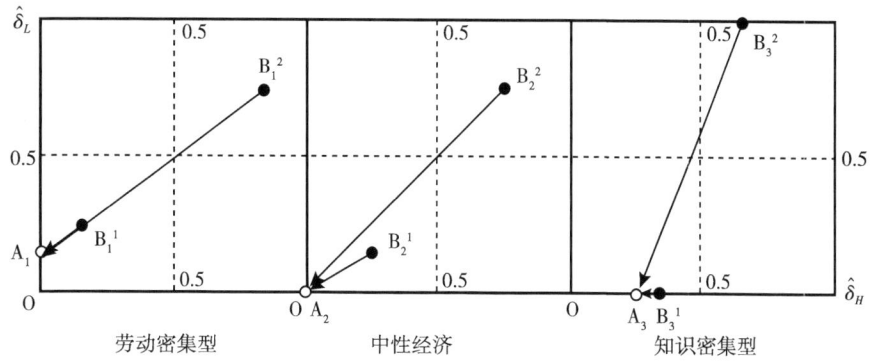

图 5.3　城市技术比较优势对城市均衡分布的影响

命题 5.4a：城市技术比较优势的存在，导致劳动力的分布更加集中。具有技术比较优势的城市，在吸引高技能劳动力和低技能劳动力方面都具有优势，会进一步巩固自身在城市层级体系中的地位。

命题 5.4a 正好说明了为什么大城市会成为劳动力流动的"黑洞"，导致技术比较劣势的城市出现被边缘化的可能性，甚至将出现完全"中心—外围"结构。正是由于城市技术比较优势的存在，这些城市将演变成大城市，并通过累积循环因果效应源源不断地吸引各种类型的劳动力集聚，进而进一步巩固自身在城市层级体系中的地位。命题 5.4a 的结论也与 Au 和 Henderson（2006）的实证结果相符，也说明了我国"自然村渐逝"现象为什么会发生。

命题 5.4b：不同的发展阶段有不同的人口流动趋势。具体来讲，随着经济体从劳动密集型向知识密集型经济转变，先出现低技能劳动力从技术比较劣势的小城市涌向技术比较优势的大城市的现象，再出现高技能劳动力从技术比较优势的大城市再回技术比较劣势的小城市的过程。

命题 5.4b 与我国经济发展进展中区域间的劳动力流动方向是非常吻合的。改革开放以来，我国正在从劳动密集型经济向知识密集型经济转变。改革开放初期，我国经济体中更多的是劳动密集型经济，大量农村劳动力从土地解脱出来流向城市，从小城市流向大城市，不断"自下而上"地流动；而高技能劳动力由于其极其稀缺性，也都主要集中在大城市。随着我国人力资本素质不断提高，经济体中的高技能劳动力占比也不断攀升。而近年来我国特大城市出现的"逃离北上广"现象，正好与本书图5.4中从 A_2 点到 A_3 点的现象吻合，即部分高技能劳动力开始向技术比较劣势的小城市迁移。这也可以解释现阶段西方发达国家的人口流动趋势。总的来讲，命题5.4b可以为处于不同发展阶段的经济体中的人口流动提供理论解释和学理支撑。

5.4.3.2 知识溢出对城市均衡分布的影响

除了"逃离北上广"，而现阶段我国出现的"再回北上广"应如何解释？这将涉及高技能劳动力（即通常所说的"白领"阶层）的知识溢出问题。接下来将分析知识溢出对城市均衡分布的影响（见图5.4）。

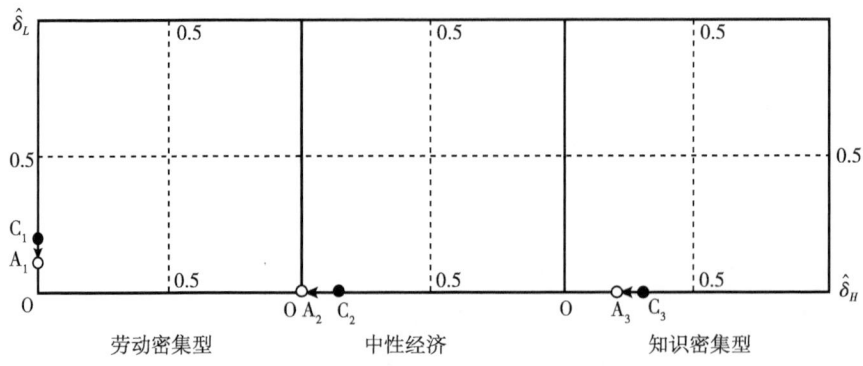

图 5.4　知识溢出对城市均衡分布的影响

在图5.4中，A点和C点分别表示表5.5中对应的情形。其中，下标表示表5.5中的经济体。相对于图5.3中城市技术比较优势相同时存在多个稳定均衡点的情况，图5.4中无知识溢出时都仅存在一个稳定均衡点。可以看出，从C点到A点，在三种经济体下都是一个劳动力更加集中的过程。

命题5.5：高技能劳动力之间的知识溢出效应，会促进劳动力在具有技术比较优势的大城市的集聚。具体来讲，这一效应会提高高技能劳动力于中性经济和知识密集型经济下在大城市的集聚程度，甚至也会提高低技能劳动力于劳动力密集型经济下在大城市的集聚程度。

命题5.5正好说明了，"逃离北上广"的白领阶层为何"再回北上广"，这正是由于大城市和小城市在知识溢出方面存在的巨大差别。在"逃离北上广"时，这些高技能劳动力由于并没有在小城市生活或缺乏足够的认识，对小城市的知识溢出了解不足；而当真正逃离到小城市后，后者知识溢出的不足导致高技能劳动力的净收入降低，从而做出了"再回北上广"的决策。也就是说，对大城市和小城市两者知识溢出差异估计的不足，会导致高技能劳动力在大城市和小城市之间的反复选择行为出现。命题5.5可以为高技能劳动力的这种流动提供理论证据。

5.5 本章小结

在空间经济学框架下，基于异质性要素（劳动力和企业）和劳动力知识溢出的假设，本书建立了城市空间内企业市场进入和劳动力自由流动的一般均衡区位模型，通过数理推导和数值模拟方法，考察了城市技术比较优势和劳动力知识溢出如何影响异质性劳动力的流动以及转型经济体的城市空间均衡结构。

没有高生产率企业或高技术产业支撑的城镇化难以持续。在本书中，高生产率的企业（或产业）形成了城市的技术比较优势，后者创造的高净收入会吸引劳动力在这一城市的不断集聚。在循环累积因果效应下，这一城市会不断提升和巩固自身在城市层级体系中的地位。最终，将出现以具有技术比较优势的城市为中心的非对称均衡结构，甚至是完全的"中心—外围"结构。这一均衡结构，与城市技术比较优势有关。

大城市的技术比较优势是劳动力集聚在大城市的根本原因，而知识溢出会进一步提高高技能劳动力在大城市的集聚水平。城市技术比较优势和劳动力知识溢出的引入，可以很好地解释转型期间我国城镇化进程中劳动力流动时出现的一些悖论。从整体趋势来看，转型经济体从劳动力密集型经济向知识密集型经济的转变，先会出现以低技能劳动力向城市流动的城镇化过程；当经济体中知识资本达到较高比例后，将出现高技能劳动力向低阶城市流动的逆城市化过程。

对于地方政府而言，要推动新型城镇化建设，则需要加快城市的产业升级与技术进步，培育城市的技术比较优势，进而提高自身在城市层级体系中的地位。依靠产业集聚和工业化来支撑城镇化这一总体方向是对的，但同时要注重产业升级和技术进步，通过高技术产业的集聚和新型工业化来推动城镇化。而对于转型期间地区间的劳动力流动，目前由于我国劳动力整体的知识存量、技能水平并不高，因此总体上必将会出现各种类型的劳动力向城市集聚的城镇化过程。在劳动力自由流动的前提下，这一过程是一个必然的经济学行为，也契合了我国现阶段以户籍改革为路径的城镇化战略。

第6章 异质性企业空间选择的城市生产率溢价效应研究

6.1 问题的提出

在经历了30多年经济的高速增长之后，随着外部环境和内生条件的变化，中国经济开始步入新常态，原有出口和投资导向的增长引擎开始减弱，新的增长动力尚在孕育与形成之中。从宏观层面来看，目前支撑经济增长的主要动力已经由生产能力大规模扩张转向提高生产效率。在经济新常态的背景下，为了推进中国制造业转型升级与创新驱动发展，中国提出了"中国制造2025"发展战略，旨在通过创新驱动、智能转型等途径，加快从制造大国转向制造强国。从企业层面来看，为了实现创新驱动与转型升级，企业对生产率提升的积极探索将成为"中国制造2025"战略的微观内涵。

对于企业生产率的提升，空间资源配置是重要途径之一（梁琦等，2013）。大量研究表明，大城市的企业生产率均值较高（Rosenthal and Strange, 2004; Redding and Venables, 2004; Redding and Sturm, 2008; Melo et al., 2009; Puga, 2010），存在着显著的企业生产率溢价。因此，从城市维度来探讨如何提升企业生产率具有重要的现实意义。目前，就大城市为何拥有更高的企业生产率溢价，现有研究主要归结于大城市的集聚外部性：企业在大城市的集聚会通

异质性企业空间选择:机理与效应

过正外部性、知识溢出来促进企业规模经济的利用,从而提高企业生产率 (Saito and Gopinath, 2009; Combes et al., 2011, 2012; Greenstone et al., 2010)。但现实中存在着大量的企业区位选择与产业转移现象:2001~2012年,中国上市企业主要以上行迁移为主,主要迁往层级较高的城市,其中北京和上海吸引了最多的上市企业迁入(潘峰华等,2013)。例如,三一重工将总部从湖南长沙迁移到北京,东风汽车将总部从十堰迁移到武汉。与此同时,随着环境与资源约束的出现,大城市通过提高市场准入门槛来限制资源环境效率低下的企业进入。典型的例子是近年来北京推行的产业转移战略:大量资源环境效率较低的企业转移到了河北等周边地区。因此,企业区位选择与产业转移的存在,使得大城市的企业生产率溢价可能被高估。这引发了我们的思考:大城市的企业生产率溢价,到底是通过集聚外部性来实现的,还是因高生产率企业主动选择大城市以及低生产率的企业被限制进入导致的?这构成了大城市企业生产率溢价之谜的"鸡与蛋"因果困境(chicken or egg causality dilemma)。

解析中国大城市的企业生产率溢价之谜,具有非常重要的现实意义。首先,在积极推进新型城市化背景下,探索大城市的企业生产率溢价是如何形成的,可以更好地指引中国城市发展道路。集聚效应将企业生产率提升归结于城市的外部性,因此城市发展应着眼于加快实施产业集聚政策与降低集聚成本,以提升整体企业的生产率;而选择效应强调提升城市竞争力的关键在于吸引高生产率企业,因而更重视土地成本、税收优惠等竞争政策。其次,城市生产率是衡量城市竞争力的重要指标。研究城市间企业生产率差异的形成机制,有助于更好地理解城市竞争力差距的根源,探讨提升城市竞争力与缩小城市间差距的实施路径。再次,识别各个效应对大城市生产率溢价的贡献,可以避免对集聚效应作用的高估,从而避免新型城市化发展中过度集聚与城市拥挤效应等负面作用的出现。最后,探讨城市层面的企业生产率溢价之谜,将为企业转型升级提供有力的微观视角与实施路径,并将协调统一新型城市化与"中国制造2025"的发展目标。

本章余下部分的结构安排如下:第二部分是文献综述,第三部分是大城市企业生产率溢价的理论基础,第四部分是中国工业企业全要素生产率估计,第五部分是大城市生产率溢价之谜的实证解读,最后是结论。

6.2 文献综述

无论是国际层面的各个国家之间,还是国内层面的各个城市之间,企业生产率的空间差异普遍存在。以中国城市为例,2013年劳动生产率最高的五个城市的均值与最低的五个城市的均值之比为9.21∶1。大量理论与实证文献研究也都表明,人口密度大、经济活动密集的大城市,其企业生产率均值更高(Baldwin and Okubo, 2006; Comes et al., 2012; Behrens et al., 2014; 柯善咨、赵曜, 2014; 余壮雄、杨扬, 2014)。

就城市间企业生产率差异的成因,传统新古典经济理论主要从自然条件、技术水平、人力资本水平和政策因素等角度进行了解释。但由于新古典增长理论建立在完全竞争和规模报酬不变的假定上,认为最终各地区经济发展水平会趋于收敛,这显然不能解释目前区域和城市劳动生产率差异巨大且不断扩大的现象。近年来,随着新经济地理学与新新贸易理论的发展,学术界关于大城市生产率溢价的解释,主要持有三种观点:

第一种观点主要将大城市的企业生产率溢价归结于集聚效应。集聚会带来正外部性、知识溢出等,有利于促进企业规模经济的利用,从而提高企业生产率(Saito and Gopinath, 2009; Combes et al., 2011; Greenstone et al., 2010)。而大城市是一个更大的集聚载体,可以更好地发挥集聚效应(Combes et al., 2012)。大量文献对集聚经济效应的存在性进行了实证检验,研究发现,一个城市的经济规模或人口规模越大,表明该城市集聚的经济活动越多,在集聚经济效应的作用下,该城市劳动生产率越高。Shefer(1973)发现城市规模扩大一倍,劳动生产率会提高14%~27%;Segal(1976)得出城市规模在200万人以上的情况下,城市规模每增加一倍可以使生产率提高8%;Ciccone(2002)

采用每单位面积土地上承载的经济活动量（简称经济密度）来衡量集聚，使用法国、德国、意大利、西班牙、英国县级层面数据，研究发现劳动生产率对经济集聚密度的弹性为4.5%；范剑勇（2006）基于2004年地级市和副省级市数据，采用每平方公里的非农产业就业量来衡量就业密度，发现非农产业劳动生产率对非农就业密度的弹性系数为8.8%；陈良文等（2008）基于北京市2004年经济普查数据分析发现劳动生产率对单位面积上的产出和就业弹性分别为11.8%、16.2%；Comes等（2012）利用1994～2002年法国341个工业区的企业数据，得出全要素生产率与就业密度呈正相关关系，且高就业密度区域比低就业密度区域全要素生产率高。然而，过度集聚可能出现拥挤效应，导致企业效率下降（孙浦阳等，2013；范剑勇等，2014）。

第二种观点则强调选择效应的作用。选择效应最早来源于异质性企业贸易理论，认为高生产率企业选择出口，而低生产率企业选择继续为本土市场生产甚至退出市场（Melitz，2003）。从城市层面来看，大城市是优质生产要素的集聚（梁琦，2009），而高生产率企业作为更高效率的要素组织载体，会更加倾向于追寻优质要素。大城市拥有丰富的高素质人力资本、健全的基础设施等，人口和经济活动较为密集，市场规模较大，高效率企业选择转移到大城市，更容易获取集聚经济的优势（Berry and Glaeser，2005；Bacolod et al.，2009；Lee，2010）。Baldwin and Okubo（2006，2009）构建理论发现，由于高效率企业拥有更高的销售额，更加节省了交易成本，倾向于向大城市转移。目前，中国出现了很多大企业向大城市转移的案例，如三一重工从长沙转移到北京、东风汽车从十堰迁移到武汉、加多宝从东莞迁移到北京，都是选择效应的具体表现。总体来说，选择效应认为大城市的这种"择优"行为，是导致大城市生产率溢价的主要原因。

第三种观点认为分类效应是导致大城市生产率溢价的另一重要原因。大城市的竞争程度更加激烈，从而迫使低生产率企业将不得不向小城市转移以逃避激烈的竞争（Baldwin and Okubo，2006；Foster et al.，2008；Del Gatto et al.，2008；Behrens and Robert‑Nicoud，2009；Okubo and Tomiura，2010；Okubo and Forslid，2010）。此外，分类效应还认为受外围地区补贴优惠等政策吸引，低效率企业将转移向小城市。Baldwin 和 Okubo（2006，2009）认为，生产补贴或税收差异会促使企业转移，高效率企业在大城市获益更多，而低效率企业离开大城市损失较少。均衡时，低生产率企业将选择转移到外围地区。也就是说，选择效应将大城市的这种"去劣"行为视为大城市生产率溢价的原因之一。

"择优"与"去劣"会影响城市间企业生产率差异，但新近文献发现，城市间异质性企业区位选择并不是单向的选择效应和分类效应，而是存在双边选择效应（two-sided selection effect）和双边分类效应（two-sided sorting effect）。双边选择效应认为，大城市或中心地区的高生产率企业也会选择小城市或外围地区。Forslid 和 Okubo（2014）就发现存在"中等生产率水平的企业选择大城市或中心地区，生产率分布两端的企业则留在小城市或外围"的结论。而双边分类效应认为，低生产率企业也将迁移到大城市或中心地区。Glaeser 和 Kahn（2004）与 Au 和 Henderson（2006）就通过实证研究证明，大城市不一定吸引高效率企业，有可能吸引低效率的企业。Okubo 和 Forslid（2010）则利用日本区域和部门生产率分布的微观数据进行实证检验后发现，双边分类效应在资本密集度较高的部门体现得较为明显。事实上，大城市或中心地区可以提供更大的本地需求，同样可以容许异质性企业提供更多差异化产品而生存。许多小规模的供应商，尽管生产率较低，通过高生产率的最终装配企业提供定制化、高标准的投入品而紧密围绕在后者的周围（Combes et al.，2008；Okubo and Forslid，2010；Combes et al.，2011）。

综上所述，城市的生产率分布差异是集聚效应、选择效应和分类效应共同作用的结果。但究竟哪种影响机制占主导，一直是学界争论的热点问题。Baldwin 和 Okubo（2006）提出即使大城市在没有集聚效应的情况下，小城市的高生产率企业也会转移到大城市，促使大城市企业平均生产率较高，从而导致高估集聚效应，出现选择效应偏差问题。Saito 和 Gopinath（2009）比较了集聚效应与选择效应对智利食品业企业生产率的影响，发现选择效应更为重要。Comes 等（2012）利用法国 341 个工业区企业数据研究发现，大城市高生产率主要来源于集聚效应，选择效应不能解释企业劳动生产率的空间分布差异,当改变生产率测算方法、样本企业、空间单位选择和本地规模测度时,结果仍是稳健的。对于我国城市生产率差异,也有学者进行了研究:余壮雄和杨扬(2014)基于中国工业企业数据识别了集聚效应和选择效应对城市生产率差异的影响,特别是基于格点搜索的非线性最小二乘法对这两种效应进行了识别。遗憾的是,他们并没有识别分类效应的影响,也没有考察异质性企业区位选择的双边性。刘海洋等(2015)也考察了集聚效应和选择效应对集聚地区生产率优势的影响,但其选择效应被定义为激烈竞争导致的集聚地区的市场进入门槛较高,而忽视了地区间的异质性企业区位选择问题。此外,对中国样本的估计都是总体层面的,这也意味着行业特征被忽略了,进而会导致行业"中和"情况的出现。①

本书的研究是对现有文献的有益补充。本书将基于双城模型构建大城市企业生产率溢价的理论框架,考察选择效应、分类效应与集聚效应如何导致城市间异质性企业生产率差异;同时,基于1999~2007年规模以上工业企业数据,实证解读中国大城市的企业生产率溢价之谜。与现有文献相比,本书的创新主要体现在三个方面:首先,本书创新性地构建了大城市企业生产率溢价的理论框架,引入了竞争效应对城市间企业生产率分布的非对称性影响,系统揭示了集聚效应、选择效应、分类效应和竞争效应将如何形成大城市的生产率溢价之谜;其次,本书在Combes等(2012)的基础上引入了双边分类效应与双边选择效应,首次同时引入了压缩、移动、左截断和右截断这四种分布形式,并利用中国工业企业分行业数据实证考察了哪种效应导致中国大城市的生产率溢价之谜;最后,本书提出了一个新的理念,即城市层面的企业生产率溢价提升是企业转型升级与创新驱动的内在要求,是"中国制造2025"与新型城市化统一目标的微观内涵。

---

① 在下文的分析中,我们将会详细介绍行业"中和"情况。

6.3 大城市企业生产率溢价的理论基础：双城框架

现有文献将城市的企业生产率差异主要归结为集聚效应、选择效应和分类效应等共同作用的结果，但更多关注的是城市间企业生产率的均值，而这显然不足以揭示城市间企业生产率分布差异的全部。接下来，我们将用图解的方式考察双城框架下异质性企业生产率分布差异是如何形成的，为解析城市内企业生产率溢价提供理论基础。

6.3.1 基本框架：集聚效应、选择效应与分类效应

在此之前，需要对这两个城市（城市 N 和城市 S）间的空间结构进行假定。假设期初是以下两种状态：

（1）非中心—外围结构。

在非中心—外围结构下，城市 N 和城市 S 存在着一定数量的异质性企业，且都服从分布 $F[\varphi]$，其分布的概率密度函数图分别用曲线 mn 和 ms 来表示。假若城市为企业提供一次性的转移补贴，分别为 S_N 和 S_S。根据 Baldwin 和 Okubo（2009），若 $S_N > S_S$，相对于无补贴情形，此时的生产率阈值将为 a_H。也就是说，更多的高生产率企业将从城市 S 转移到城市 N。反之，则较少的高生产率企业从城市 S 转移到城市 N。但不管哪种情形，转移到城市 N 的都是城市 S 的高生产率企业，并且是以从 0 到 a_H 的顺序依次转移的。

图 6.1 揭示了非对称情形下两个城市的企业生产率分布。① 随着城市 S 的企业生产率水平从 0 到 a_H 间的企业转移到城市 N，此时城市 N 内企业生产率

---

① a 越大，表示企业生产率越低。

取值 $(0, a_H)$ 间的分布变为了图中曲线 α 所示。对应地，城市 S 原来的企业生产率分布曲线为 ms，当 $(0, a_H)$ 间的高生产率企业转移到城市 N 后，变成了如图 6.1 曲线 c 所示的分布。

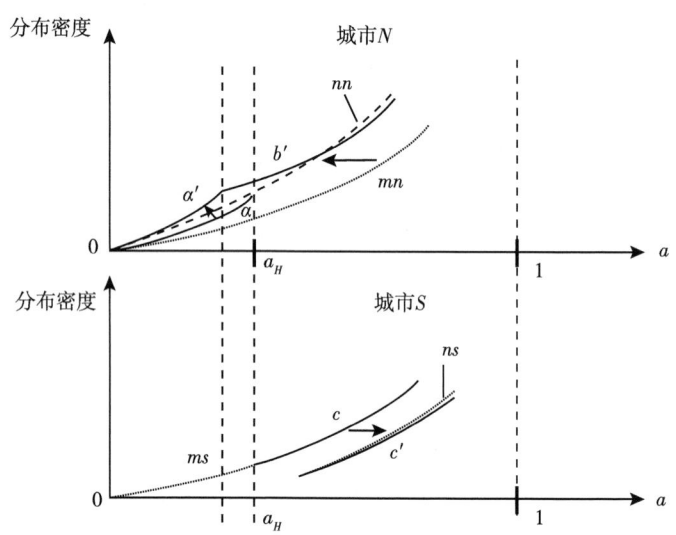

图 6.1　城市企业生产率分布：非对称均衡情形

相对于无补贴情形，集聚经济对城市的企业生产率分布也将产生影响。由于城市 S 的部分高生产率企业转移到城市 N，将会通过知识溢出、技术外部性等途径提高城市 N 的企业生产率分布，导致原来的分布曲线 α 向左边平移为曲线 α'。相应地，由于集聚效应的减弱，城市 S 的分布曲线从 c 向右平移为曲线 c'。

在实证检验时，进行曲线拟合时我们可以分别用曲线 nn 和 ns 拟合出非中心—外围结构下两个城市的企业生产率分布。对于 α' 和 b' 组成的曲线，明显存在一个"中部突出"的特点，这会降低曲线拟合的拟合优度。在本书后面的计量估计方法与实证检验中我们将进一步进行分析说明。

(2) 以城市 N 为中心的 CP 结构。

当所有的企业都集聚在城市 N 时，此时为了吸引企业转移到城市 S，后者

第 6 章　异质性企业空间选择的城市生产率溢价效应研究

需要提供足够大的转移补贴，也即 S_S 远大于 S_N。为了简便起见，令 $S_N = 0$。当不考虑补贴时，企业从城市 N 转移到城市 S 会导致损失。并且生产率越高的企业，也即 a 越小的企业，遭受的损失越大。因此，当城市 S 提供一定的政策优惠或补贴时，首先从城市 N 向城市 S 转移的将是城市 N 的低效率的企业，即存在分类效应。此时定义 a_L 为企业生产率阈值：低生产率的企业从城市 N 转移到城市 S 的生产率门槛值。

在图 6.2 中，分类效应导致城市 N 内 $a > a_L$ 的企业都转移到城市 S。此时，相对于无补贴情形（以城市 N 为中心的 CP 结构），企业更加分散，集聚效应将减弱。因此，城市 N 和城市 S 的企业生产率都将下降。在图 6.2 中表示为曲线 e 向右平移到 e'，曲线 d 向右平移到 d'，这就是集聚效应对城市企业生产率分布的影响。相应地，对于异质性区位选择后稳定均衡对应的企业生产率分布，我们分别用曲线 nn 和曲线 ns 来拟合城市 N 和城市 S 的情形。

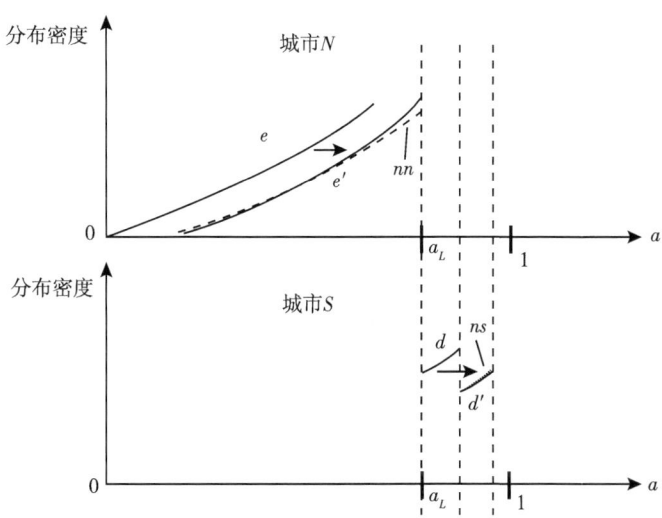

图 6.2　城市企业生产率分布：中心—外围情形

6.3.2 异质性企业生产率溢价的非对称性：竞争效应的作用

除了上述集聚效应、选择效应和分类效应，还存在着竞争效应。尽管 Melitz 和 Ottaviano（2008）与 Combes 等（2012）都提到了竞争效应，但都忽视了竞争效应对城市内异质性企业生产率溢价的非对称性：高生产率的企业更有可能从竞争中获益较多，而低生产率的企业从竞争中获益较少甚至受损。例如，中国国内存在着太多的"老大和老二打架，老三灭亡"的案例，如"加多宝与王老吉打架，和其正受害"，这些都说明了城市内竞争效应对异质性企业生产率溢价的非对称性影响。尽管双边分类效应也强调这种非对称性，但重视的是对异质性企业区位选择的非对称性影响（Baum-Snow and Pavan，2013；Accetturo et al.，2014；Eeckhout et al.，2014；Forslid and Okubo，2015），而非异质性企业生产率溢价的影响。

因此，在上文的基本框架上，笔者引入竞争效应对异质性企业生产率溢价的非对称性影响。尽管这四种效应对城市内异质性企业生产率溢价的影响是相互关联的，但为了更好地理解竞争效应的非对称性，本书将竞争效应对城市间异质性企业生产率分布的影响独立出来。

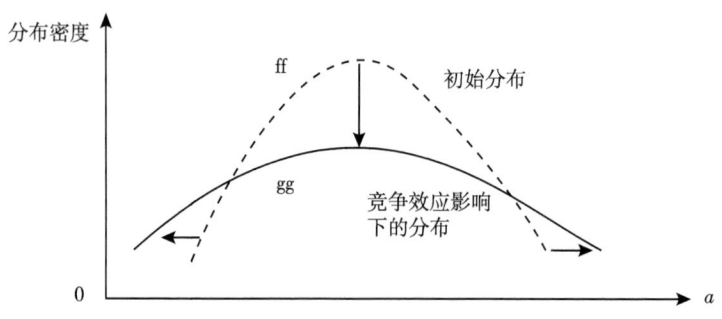

图 6.3 竞争效应对异质性企业生产率溢价的非对称性影响

在图 6.3 中，城市内的异质性企业生产率初始分布密度为 ff 曲线。由于竞争效应对异质性企业生产率溢价产生非对称性的影响，导致"高生产率的更

第6章 异质性企业空间选择的城市生产率溢价效应研究

高、低生产率的更低"。也就是说,竞争效应将导致异质性企业生产率溢价的两极分化现象,导致异质性企业生产率分布的方差更大。此时,城市内异质性企业生产率分布为曲线gg。

6.3.3 计量识别

根据上文分析,影响城市内异质性企业生产率溢价与城市间企业生产率分布差异的主要包括四个作用力:集聚效应、选择效应、分类效应和竞争效应。此时,可以将城市企业生产率分布的作用力与形成机理归纳为表6.1。

表6.1 城市企业生产率分布差异的形成机理

状态	非中心—外围结构				以城市 N 为中心的 CP 结构			
作用力	竞争效应	集聚效应	选择效应	分类效应	竞争效应	集聚效应	选择效应	分类效应
城市 N	压缩	左漂移	中部扩张	—	压缩	右漂移	—	右截断
城市 S	扩张	右漂移	左截断	—	扩张	右漂移	—	右尾增加

本书用"右尾增加"来表示外围地区从无企业到有部分低生产率的企业的情形。可以看出,中心和外围地区间的企业生产率分布差异是由这四种作用力引起的。这给我们的启示是:中心地区的企业生产率分布可能是在这四种作用力下由外围地区转化过来的,或者外围地区的企业生产率分布可能是由中心地区转化过来的。接下来,我们将利用中国工业企业的微观数据,考察中国城市间异质性企业生产率分布差异的源泉及大小。

6.4 中国工业企业全要素生产率估计

全要素生产率(TFP)又称为索洛余值,是指剔除劳动力、资本等要素投入以外，技术因素对企业产出的贡献。最早的对 TFP 的估算源于 Cobb-Douglass 生产函数：对 C-D 函数两边同时取对数得到对数生产函数，进而估算出资本和劳动力的生产弹性系数，进而预测残差，即 TFP。最简单的估算 TFP 的计量方法是 OLS 方法，但由于通常生产函数在估计过程中其残差都难以满足 BLUE 性质，内生性问题的存在导致估计结果出现有偏等问题。对于面板数据而言，固定效应模型通过差分可以在一定程度上缓解这种内生性，但仍存在较多问题。例如，在估计生产函数时，一个关键的问题是非观测到的生产率冲击和投入水平之间的相关性。利润最大化的企业在面临生产率正向冲击时会选择扩大产能，这进而需要增加投入；在面临负外部冲击时，则会选择压缩产能以及减少投入使用。这导致传统的 OLS 方法在估计生产函数时是有偏的，进而使得估计出的生产率也是有偏的。此后，为了消除或缓解 TFP 估计中存在的内生性问题，OP 方法、LP 方法和 GMM 方法被用于 TFP 的估算中。①

6.4.1 数据处理及变量说明

（1）数据匹配。

本书采用 1998~2007 年中国工业企业调查数据库。截至 2007 年底，该数据库中包含了超过 30 万家企业，工业总产值超过中国当年总产值的 95%。我们选取了其中的制造业行业，即二位行业代码在 13~43 的行业。中国工业企业调查数据库在 2003 年之前采用的是 GB/T4754-1994 产业分类标准，2003 年起采用的是 GB/T4754-2002 产业分类标准。这两种行业分类标准，在两位数行业上有一些细小的差异：将原来的行业 39~42 分别调整为 40~43。

在计算企业生产率时，常见的 LP、OP 等方法都需要多个企业构建成的面板数据。我们知道，中国工业企业数据中存在企业的进入和退出。因此，需要将不同年份相同的企业对应起来，构建成为一个非平衡面板。对于中国工业企

---

① 对于 TFP 常见的估算方法，鲁晓东和连玉君（2012）进行了详细的比较分析，本书不再累述。

第6章 异质性企业空间选择的城市生产率溢价效应研究

业数据的企业匹配,现阶段 Brandt 等(2012)提供了一个较好的匹配方法。Brandt 等(2012)默认企业代码(FRDM)的匹配度最高,其次是企业名称。因此,首先根据相同的企业代码来识别同一家企业,其次根据相同的企业名称来识别,最后参考其他的基本信息,包括地址代码、电话号码、邮政编码、传真号码等。这种处理方法假设企业代码相同的样本点为同一企业,而被识别为同一企业的各个样本点则可能有不同的企业代码(聂辉华等,2012)。在工业企业数据库中,由于企业改制和重组,此时的企业将会更改企业代码。因此,不同于聂辉华等(2012),我们认为这种改制和重组已经从企业治理、资本结构等方面改变了一个企业,应当视为同一个企业。但在工业企业数据库中,或许是因为统计失误,确实存在不同的企业具有相同的企业代码的情况。

因此,本书将采用 Brandt 等(2012)的方法,先按法人代码(id)进行匹配,在此基础上再根据企业名称(name)进行匹配,进而根据法人名称(legal_person)进行匹配,再根据电话号码(phone)和城市代码(dq)进行匹配,最后根据成立时间(bdat)+地区代码(dq)+产业代码(cic)+镇名称(town)+主要产品(product1_)匹配。

(2)异端值处理。

尽管中国工业企业数据库是现阶段反映中国国内企业生产经营活动较好的大型数据库之一,但其数据质量仍存在诸多不尽人意的地方,体现在变量的缺失、样本值的缺失、年份间的变量不匹配等,这需要本书进行进一步的数据处理。①特殊年份数据处理。2004年规模以上工业企业数据库是基于经济普查数据整合而成的,并没有限定非国有企业的年销售额必须达到500万元以上。因此,为了和其他年份的数据进行对应,我们对2004年的数据进行了处理:剔除了国有企业即国有(110)、国有联营(141)、国有与集体联营(143)、国有独资企业(151)之外且年销售额低于500万元的非国有企业观测值。②缺失值处理。某些年份如2004年的数据缺少工业总产值、工业增加值、出口交货值和研究开发费等重要指标。对于缺失工业增加值的年份,本书将根据会计准则估算出工业增加值；若数据库中有工业总产值，则采用"工业增加值=工业总产值-工业中间投入+增值税"计算得出；若数据库中没有工业总产值，则采用"工业增加值=产业销售额-期初存货-期末存货-工业中间投入+增值税"的方法计算。③剔除异常指标。综合现有处理方法，本书剔除了关键指标（总资产、职工人数、工业总产值、固定资产净值和销售额）缺失的观测值；剔除了职工人数小于8人的观测值；剔除了一些明显不符合会计原则的观测值，如总资产小于流动资产、总资产小于固定资产净值、累积折旧小于当期折旧的观测值；剔除关键指标的极端值（前后0.5%）；剔除利润率低于0.1%或者高于99%的异常值；剔除了实收资本小于或等于0的观测值；删除成立时间在1900年前和2007年后的企业，前者约有3000多个观测值，后者约有2000多个观测值。

（3）主要变量介绍。

对于企业层面的固定资本存量，本书采用1999~2007年数据库中的固定资产合计（F309）这一指标作为代理变量。根据会计准则，固定资产合计包括了固定资产原值、工程物资、在建工程、固定资产清理、待处理固定资产损失等会计名目，可以相对较好地反映企业的现有资本状况。由于OP方法需要固定资产投资作为生产率冲击的代理变量，而工业企业调查数据库中并没有固定资产投资这一指标，因此，参照宏观的资本存量计算采用的永续盘存法，可以用 $I_t = K_t - K_{t-1} + D_t$ 进行估算得出，其中 K 为固定资产总值，D 为固定资产折旧。其他变量包括总产出、中间投入、劳动力、企业年龄、出口值等都根据1998~2007年中国工业企业数据库整理或计算得出。为了剔除价格因素的影响，本书的主要变量都采用以1998年为基期的价格指数进行了平减。其中，工业增加值、中间投入采用企业所在地区（dq二位码）工业品出厂价格指数平减，固定资本存量、当年折旧采用固定资产投资价格指数进行平减，数据来源于中经网统计数据库。

本书主要指标的描述性统计如表6.2所示。

第6章 异质性企业空间选择的城市生产率溢价效应研究

表 6.2 主要变量的描述性统计结果

变量名	符号	样本数	均值	标准差	最小值	最大值
增加值	LnVA	1912329	8.543	1.485	0.000	17.553
中间投入	LnITM	1952559	4.933	1.459	-4.773	14.196
资本	LnK	1957030	3.697	1.735	-4.763	13.686
劳动力	LnL	1825157	4.746	1.1560	0.000	12.145
固定资产投资	LnIVT	1008152	7.118	2.324	0.000	18.434
当年折旧	LnDEP	1816186	1.126	1.790	-4.763	11.539

注：表中为对数化后的结果。

6.4.2 TFP 估算结果

根据鲁晓东和连玉君（2012）的方法，我们同样在 TFP 的估计中控制了行业、年份与地区等因素。同时，我们用工业增加值而非工业总产值来表示产出水平。我们将生产函数设定为以下形式：

$$\text{Ln}\,VA_{it} = \beta_0 + \beta_k \text{Ln}K_{it} + \beta_l \text{Ln}L_{it} + \sum \gamma_j IV_{it,j} + \varepsilon_{it} \tag{6.1}$$

根据全要素生产率的定义，$\text{Ln}TFP_{it} = \beta_0 + \varepsilon_{it}$。因此，我们将根据"产业+地区代码"分别进行回归，得到分产业的参数估计值，进而利用参数估计值计算得出每个样本企业的全要素生产率。

在 1998~2007 年的中国工业企业数据库中，包括了销售额大于 500 万元的非国有企业以及全部国有企业，这可能导致样本选择偏误问题。而不同所有权特征的企业的经济效率可能存在固定效应。因此，本书将样本区分为国有企业和非国有企业两大类分别进行估算。根据聂辉华等（2012）的建议，我们按以下两种标准来划分国有企业：①Ⅰ型国有企业：国有（110）、国有联营（141）、国有与集体联营（143）、国有独资企业（151）；②Ⅱ型国有企业：实收资本中国有资本比例超过 50%的企业。接下来，我们将采用上述几种方法对 TFP 进行估算。

由于不同的行业资本和劳动力结构完全不同,全要素生产率也应存在显著的行业差别。因此,我们利用 LP 方法估计分行业全要素生产率。①

表6.3 中国工业企业分行业资本与劳动力系数对比

行业	LnK	LnL	观测值	行业	LnK	LnL	观测值
农副食品加工业	0.210 *** (40.0)	0.295 *** (62.0)	105896	化学纤维制造业	0.265 *** (15.4)	0.336 *** (17.9)	9517
食品制造业	0.219 *** (32.1)	0.329 *** (40.4)	42527	橡胶制品业	0.285 *** (21.8)	0.287 *** (24.7)	20935
饮料制造业	0.249 *** (28.0)	0.385 *** (34.5)	29133	塑料制品业	0.227 *** (323.0)	0.269 *** (627.0)	82320
烟草制品业	0.294 *** (10.2)	0.914 *** (17.9)	2092	非金属矿物制品业	0.209 *** (45.7)	0.334 *** (39.7)	150457
纺织业	0.210 *** (63.3)	0.304 *** (105.9)	152286	黑色金属冶炼及压延加工业	0.304 *** (45.1)	0.333 *** (34.7)	41174
纺织服装、鞋、帽制造业	0.168 *** (40.5)	0.371 *** (70.0)	86922	有色金属冶炼及压延加工业	0.240 *** (29.7)	0.308 *** (59.7)	33982
皮革、毛皮、羽毛(绒)及其制品业	0.192 *** (25.9)	0.192 *** (25.9)	42571	金属制品业	0.224 *** (43.4)	0.290 *** (70.4)	99102
木材加工及木、竹、藤、棕、草制品业	0.200 *** (34.8)	0.200 *** (34.8)	42571	通用设备制造业	0.242 *** (42.2)	0.290 *** (43.2)	131942
家具制造业	0.184 *** (18.2)	0.184 *** (18.2)	20565	专用设备制造业	0.224 *** (41.4)	0.290 *** (43.2)	72365
造纸及纸制品业	0.228 *** (28.7)	0.228 *** (28.7)	52783	交通运输设备制造业	0.279 *** (45.2)	0.376 *** (57.3)	79021
印刷业和记录媒介的复制	0.227 *** (24.1)	0.227 *** (24.1)	36103	电气机械及器材制造业	0.332 *** (42.8)	0.198 *** (38.1)	72842

---

① 本书也采用了其他方法来估计 TFP,结果差别不大,仅列出了 LP 的估计结果。

续表

行业	LnK	LnL	观测值	行业	LnK	LnL	观测值
文教体育用品制造业	0.183*** (22.2)	0.183*** (22.2)	23578	通信设备、计算机及其他电子设备制造业	0.270*** (30.3)	0.375*** (62.9)	72315
石油加工、炼焦及核燃料加工业	0.355*** (31.6)	0.353*** (22.0)	12741	仪器仪表及文化、办公用机械制造业	0.213*** (29.3)	0.419*** (38.0)	34434
化学原料及化学制品制造业	0.273*** (40.2)	0.276*** (676.0)	131772	工艺品及其他制造业	0.183*** (23.4)	0.326*** (40.2)	32056
医药制造业	0.257*** (296.0)	0.367*** (39.5)	35957	废弃资源和废旧材料回收加工业	0.102*** (11.31)	0.373*** (35.0)	17144

注：*、** 和 *** 分别表示在 10%、5% 和 1% 的统计性水平显著；括号内为 t 值。

表 6.3 给出了规模以上工业企业分行业的 TFP 估计结果。从结果可以看出，和现有其他研究得到的结果相比差别不大，这说明本书的处理方法是合理的。但各个行业的 TFP 并不是本书关注的重点，接下来我们将实证检验集聚效应、选择效应、分类效应与竞争效应对城市间异质性企业生产率分布差异的影响大小。

6.5 大城市生产率溢价之谜的实证解读

我们将利用以 LP 方法估计得到的 1998~2007 年企业全要素生产率，来考察 TFP 的统计分布情况。我们将样本分为"中心"和"外围"两个部分。具体来讲，我们基于"地区代码"前四位对应的地级市层面，当 t 年地区 i 产业 j 的工业总产值大于全国当年工业总产值的平均值时，设定该地区为中心，即 $CP_{ijt}=1$；反之则为外围，即 $CP_{ijt}=0$。

6.5.1 城市内企业生产率分布的基本情况

此时可以得到全样本和分行业的"中心—外围"企业全要素生产率的核密度分布情况。

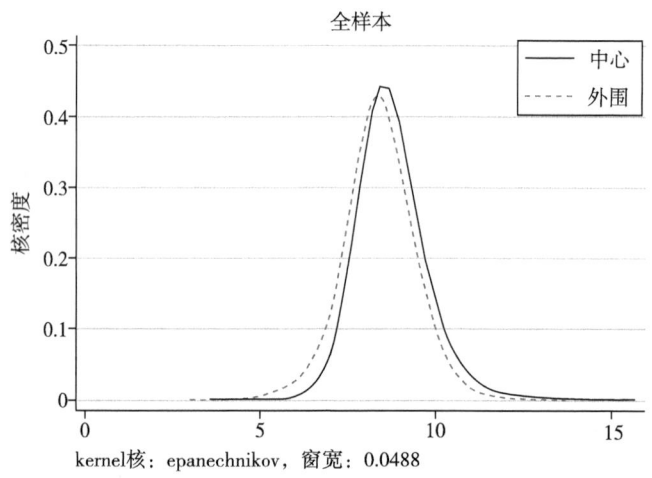

图 6.4 中国工业企业"中心—外围"全要素生产率分布对比

从图 6.4 可以看出，1998~2007 年中国工业企业"中心—外围"全要素生产率分布都为明显的正态分布，但两者间的差异较明显。图中实线为中心地区，虚线为外围地区。可以看到，相对于外围地区而言，中心地区企业生产率分布存在一个明显的右移，并且右尾较长。但采用整体全部工业行业的数据也存在较大的问题：不同的行业内部，城市间的企业生产率分布差异以及企业生产率溢价存在着较大的差异。例如，对于大城市和小城市间的企业生产率分布差异，有的行业存在着右尾延伸现象，但有的行业却存在着右尾截断现象，而这两个行业的加总却可能导致城市间的企业生产率分布无差异。也就是说，城市间的企业生产率溢价差异被"中和"了。因此，全样本的结果可能会隐藏城市的企业生产率溢价之谜。

第6章 异质性企业空间选择的城市生产率溢价效应研究

分行业对比"中心—外围"企业全要素生产率分布，其结果见附录。从工业细分行业来看，行业间的差别体现得更加明显。几乎所有行业其中心地区的企业生产率分布相对于外围地区而言，都有一个明显的右偏移过程。其中，以行业农副食品加工业（I13）、食品制造业（I14）、饮料制造业（I15）、烟草制造业（I16）、家具制造业（I21）、印刷业和记录媒介的复印（I23）、石油加工、炼焦及核燃料加工业（I25）、化学纤维制造业（I28）、废弃资源和废旧材料回收加工业（I43）等表现得尤为明显。

此外，不同行业又表现出不同的特征：

（1）偏度。

大部分行业从外围到中心，其分布仍然是正态分布，但有部分行业的中心和外围地区其偏度不同。例如，石油加工、炼焦及核燃料加工业（I25）、化学纤维制造业（I28）的外围地区企业全要素生产率近似为正态分布，而中心地区的企业全要素生产率分布的长尾在右边，为左偏态；烟草制品业（I16）、文教体育用品制造业（I24）、废弃资源和废旧材料回收加工业（I43）的中心地区企业全要素生产率近似于正态分布，而外围地区生产率分布的长尾在左边，为右偏态。中心和外围地区偏度的不同，反映了集聚效应、选择效应、分类效应和竞争效应对不同生产率水平的企业的影响是不同的。

（2）峰度。

对于中心和外围地区而言，大部分行业内企业生产率分布的峰度也不同。① 烟草制品业（I16）、石油加工、炼焦及核燃料加工业（I25）、医药制造业（I27）、化学纤维制造业（I28）、橡胶制品业（I29）、塑料制品业（I30）、黑色金属冶炼及压延加工业（I32）、有色金属冶炼及压延加工业（I33）、电气机械及器材制造业（I39）、通信设备、计算机及其他电子设备制造业（I40）、仪器仪表及文化、办公用机械制造业（I41）、废弃资源和废旧材料回收加工业（I43）外围地区企业生产率分布的峰度更尖；而农副食品加工业（I13）、印刷业和记录媒介的复印（I23）、文教体育用品制造业（I24）、专用

---

① 估计结果见附录。

设备制造业（I36）、交通运输设备制造业（I37）、废弃资源和废旧材料回收加工业（I43）等行业的中心地区企业生产率分布的峰度更尖。这反映了中心和外围地区内部的企业生产率的差异不同，也再次说明了集聚效应和选择效应的存在以及行业差异。

6.5.2 计量模型设定

根据图 6.2 和图 6.3 可知，在集聚效应、竞争效应、选择效应和分类效应的作用下，城市的企业生产率分布将发生变化。此时，城市间企业生产率分布曲线可以用截断（truncated）、漂移（shifted）和缩放（dilated）这三种转换或转换组合来表示，用以考察其变换规律。Behrens 等（2014）认为这几乎可以考察中心和外围间的所有差别，并考察了城市间的劳动生产率差异。本书在考察城市间企业生产率分布差异时，也采用这种处理方法。

从微观层面来讲，异质性企业在城市的集聚会通过劳动力池、知识溢出和中间品投入等途径产生集聚租，进而提高企业生产率（Baldwin and Okubo, 2014；范剑勇等，2014；Hu et al.，2015）。而不同生产率的企业也会在城市之间进行区位转移（Okubo et al.，2014），存在着大城市生产率的"贫富不均"。因此，城市的生产率分布差异是集聚效应、选择效应和分类效应共同作用的结果。

假设存在两个城市，$i \in \{N, S\}$，城市 N 和城市 S 的企业生产率分别服从分布 N 和分布 S。分布 N 中任意点都可通过 $Dw + A$ 线性转化分布 S。其中，A 是漂移系数，D 是扩缩系数。A 可正可负，D 可以大于也可以小于 1，取决于存在压缩还是扩张。将分布 N 的均值标准化为 0。令 $\lambda_i(u)$ 为分布 i 在 u 的分位数。根据以上转换，可以得到两个分布的分位数关系：

$$\lambda_S(u) = D\lambda_N(u) + A, \ u \in [0,1] \quad (6.2)$$

参数估计过程是基于分位数之间的关系。定义 $\theta \equiv (A, D)$ 为待估参数集。对于任意的 $u \in [0, 1]$，可以将方程（6.2）改写为如 $m_\theta(u) = 0$ 形式的连续等式：

第6章 异质性企业空间选择的城市生产率溢价效应研究

$$m_\theta(u) = \lambda_S(u) - D\lambda_N(u) - A \tag{6.3}$$

实证中,当用某些估计量来取代分位函数时,可以通过最小化 $m_\theta(u)$ 的平方和得到待估参数集 θ,其中 $u \in [0, 1]$。但将分布 S 转换为分布 N 时,这并不能保证我们通过最小化处理也能得到相同的待估参数集 θ。因此,当将分布 N 转化为 S 时,可以得到以下的连续等式:

$$\lambda_N(u) = \frac{1}{D}\lambda_S(u) - \frac{A}{D}, u \in [0,1] \tag{6.4}$$

此时可以得到新的等式集合 $\tilde{m}_\theta(u) = 0$,其中:

$$\tilde{m}_\theta(u) = \lambda_N(u) - \frac{1}{D}\lambda_S(u) + \frac{A}{D} \tag{6.5}$$

根据表6.1,除了漂移和缩放以外,还可以存在左截断(延伸)、右截断(延伸)的情况。令 $\underline{S}$ 为左截断或左尾延伸的秩点,$1 - \overline{S}$ 为右截断或右尾延伸的秩点。我们可以比较分布 N 在秩点区间 $[\underline{S}, 1 - \overline{S}]$ 的分位数分布和分布 S 在秩点区间 $[0, 1]$ 的分位数分布。对于分布 N,因为在 $[\underline{S}, 1 - \overline{S}]$ 之外的秩点对应在分布 S 中找不到对应点,我们需要给定约束条件,换言之,分布 S 中的秩点 u 在分布 N 中的对应点为 $\underline{S} + (1 - \overline{S} - \underline{S})u$。①

令 $\lambda_i(u)$ 为分布 i 在秩点 u 的分位数。通过以上转化,可以得到两个分布的秩和相应的关系:

$$\lambda_S(u) = D\lambda_N[\underline{S} + (1 - \overline{S} - \underline{S})u] + A, u \in [0,1] \tag{6.6}$$

考虑这样一种情形:分布 S 相对于分布 N 而言,同时存在着左截断和右截断,将左右截断秩点分别定义为 $\underline{T}$ 和 $1 - \overline{T}$。此时,分布 N 和分布 S 的分位数之间存在着如下关系:

$$\lambda_S[\underline{T} + (1 - \overline{T} - \underline{T})u] = D\lambda_N(u) + A, u \in [0,1] \tag{6.7}$$

将变换 $u \to \dfrac{u - \underline{T}}{1 - \overline{T} - \underline{T}}$ 代入式(6.7)有:

---

① 一种典型的压缩法,先向右移 $\underline{S}$,然后对于长度为 $1-\overline{S}-\underline{S}$ 的区间,按原来的 $u \in [0, 1]$ ——对应。

$$\lambda_S(u) = D\lambda_N\left(\frac{u-\underline{T}}{1-\overline{T}-\underline{T}}\right) + A, \quad u \in [\underline{T}, 1-\overline{T}] \qquad (6.8)$$

令 $\underline{S} + (1-\overline{S}-\underline{S})u = \dfrac{u-\underline{T}}{1-\overline{T}-\underline{T}}$，此时有 $\underline{S} = \dfrac{-\underline{T}}{1-\overline{T}-\underline{T}}$，$\overline{S} = \dfrac{\overline{T}}{1-\overline{T}-\underline{T}}$，

代入式（6.8）有：

$$\lambda_S(u) = D\lambda_N(\underline{S}+(1-\overline{S}-\underline{S})u) + A, \quad u \in \left[\dfrac{-\underline{S}}{1-\overline{S}-\underline{S}}, \dfrac{1-\underline{S}}{1-\overline{S}-\underline{S}}\right] \qquad (6.9)$$

式（6.5）和式（6.9）分别描述了分布 S 和分布 N 同时存在着左右截断的情形，我们可以将这两个子式整合为同一方程：

$$\lambda_S(u) = D\lambda_N(\underline{S}+(1-\overline{S}-\underline{S})u) + A, \quad u \in \left[\max\left(0, \dfrac{-\underline{S}}{1-\overline{S}-\underline{S}}\right), \min\left(1, \dfrac{1-\underline{S}}{1-\overline{S}-\underline{S}}\right)\right]$$

(6.10)

式（6.10）也可以描述分布 S 左截断、分布 N 右截断和分布 S 右截断、分布 N 左截断情形。当 $\underline{S}>0$ 时，分布 S 相对于分布 N 而言左截断；当 $\underline{S}<0$ 时，分布 N 相对于分布 S 而言左截断。当 $\overline{S}>0$ 时，分布 S 相对于分布 N 而言右截断；当 $\overline{S}<0$ 时，分布 N 相对于分布 S 而言右截断。

表 6.4 $\underline{S}$ 和 $\overline{S}$ 取值与分布的截断情况

		$\overline{S}$	
		>0	<0
$\underline{S}$	>0	分布 S 左截断，分布 S 右截断	分布 S 左截断，分布 N 右截断
	<0	分布 N 左截断，分布 S 右截断	分布 N 左截断，分布 N 右截断

注：对于 $\underline{S}$ 和 $\overline{S}$ 取值为 0 的情形，此时不存在着截断。

我们进一步可以将式（6.10）变形为：

第6章 异质性企业空间选择的城市生产率溢价效应研究

$$\lambda_S[r_1(u)] = D\lambda_N[\underline{S} + (1 - \overline{S} - \underline{S})r_1(u)] + A, \quad u \in [0,1]$$

$$r_1(u) = \max\left(0, \frac{-\underline{S}}{1 - \overline{S} - \underline{S}}\right) + \left[\max\left(0, \frac{-\underline{S}}{1 - \overline{S} - \underline{S}}\right) - \min\left(1, \frac{1 - \underline{S}}{1 - \overline{S} - \underline{S}}\right)\right]u$$

(6.11)

我们将待估参数集定义为 $\varphi \equiv (A, D, \underline{S}, \overline{S})$，对于任意的 $u \in [0, 1]$，可以将方程（6.11）改写为：

$$m_\theta(u) = \lambda_S[r_1(u)] - D\lambda_N[\underline{S} + (1 - \overline{S} - \underline{S})r_1(u)] - A \quad (6.12)$$

对于式（6.12），分布 S 和分布 N 起到的作用并不对称，将分布 S 转换为分布 N 时，同样不能保证通过最小化处理也能得到相同的待估参数集 φ。因此，对于式（6.10）通过 $u \to \dfrac{u - \underline{S}}{1 - \overline{S} - \underline{S}}$ 转换可以有：

$$\lambda_N(u) = \frac{1}{D}\lambda_S\left(\frac{u - \underline{S}}{1 - \overline{S} - \underline{S}}\right) - \frac{A}{D}, \quad u \in [\max(0, 1 - \underline{S}), \min(1 - \overline{S}, 1)]$$

(6.13)

同理，可以变形为：

$$\lambda_N[r_2(u)] = \frac{1}{D}\lambda_S\left(\frac{r_2(u) - \underline{S}}{1 - \overline{S} - \underline{S}}\right) - \frac{A}{D}, \quad u \in [\max(0, 1 - \underline{S}), \min(1 - \overline{S}, 1)]$$

$$r_1(u) = \max(0, 1 - \underline{S}) + [\max(0, 1 - \underline{S}) - \min(1 - \overline{S}, 1)]u$$

(6.14)

进而可以得到：

$$\tilde{m}_\theta(u) = \lambda_N[r_2(u)] - \frac{1}{D}\lambda_S\left(\frac{r_2(u) - \underline{S}}{1 - \overline{S} - \underline{S}}\right) + \frac{A}{D} \quad (6.15)$$

当用样本估计值代替分位函数时，将 $\hat{m}_\theta(u)$ 和 $\hat{\tilde{m}}_\theta(u)$ 分别定义为 $m_\theta(u)$ 和 $\tilde{m}(u)$ 的估计值。通过最小化 $\hat{m}_\theta(u)$ 和 $\hat{\tilde{m}}_\theta(u)$ 的平方和，可以得到待估参数集 θ：

$$\hat{\theta} = \arg\min M(\theta), \quad M(\theta) = \int_0^1 [\hat{m}_\theta(u)]^2 du + \int_0^1 [\hat{\tilde{m}}_\theta(u)]^2 du \quad (6.16)$$

置信区间可以通过自助法（bootstrap）得到。此外，还可以构造这样一个拟合优度：

$$R^2 = 1 - \frac{M(\hat{\theta})}{M(0,1)}, M(\hat{\theta}) = \int_0^1 [\hat{m}_\theta(u)]^2 du + \int_0^1 [\hat{\tilde{m}}_\theta(u)]^2 du \quad (6.17)$$

R^2 可以用来反映分布 N 通过变换来拟合分布 S 的有效性。式（6.16）即为城市企业生产率分布差异的计量模型参数估计方程。

此时，我们可以得到各个参数值的含义，如表6.5所示。

表6.5 参数估计值的含义：$\lambda_S \to \lambda_N$

参数	$\hat{D}$		$\hat{A}$		$\hat{\underline{S}}$		$\hat{\overline{S}}$	
取值	>1	<1	>0	<0	>0	<0	>0	<0
含义	大城市生产率分布方差大	大城市生产率分布方差小	大城市整体生产率提升	大城市整体生产率降低	大城市的低生产率企业转移到小城市	小城市的低生产率企业转移到大城市	大城市的高生产率企业转移到小城市	小城市的高生产率企业转移到大城市
效应	竞争效应		集聚效应		分类效应		选择效应	
方向	正向	负向	正向	负向	正向	负向	负向	正向

表6.5归纳得出了大城市和小城市间异质性企业生产率分布差异产生的四个主要效应：①集聚效应。在集聚效应的作用下，由于异质性企业更加集中于大城市，导致大城市内的高生产率和低生产率企业的生产率同时得到提升。②竞争效应。竞争效应的存在，使得大城市内的异质性企业生产率分布差异扩大。③选择效应。由于大城市更大的市场规模，小城市高生产率的企业将会转移到大城市。④分类效应。由于更激烈的竞争，大城市的低生产率企业将转移到小城市。

根据上文分析，我们若能通过估计得到表6.5中各个参数的估计值，也就进而能够分析出影响城市间异质性企业生产率分布差异的作用力及其大小。接下来，我们将利用1999～2007年规模以上工业企业数据进行实证检验。

第6章 异质性企业空间选择的城市生产率溢价效应研究

6.5.3 回归结果

为了计算出估计值的标准误和 t 值,我们采用 Bootstrap 抽样方法。我们从分行业样本中随机抽取并去掉了 10% 的样本。对于每组 Bootstrap 迭代,本书重新估计了各组的企业全要素生产率,并估计出对应的 $\hat{A}$、$\hat{D}$ 和 $\hat{S}$。每组 Bootstrap 抽样分别进行了 100 次。根据 t 检验统计量的定义,可以计算出相应标准误和 t 值。

表 6.6 回归结果

行业	$\hat{A}$	$\hat{D}$	$\hat{\underline{S}}$	$\hat{\bar{S}}$	$\Delta TFP_{u=0.5}$	R^2	观测值 外围	观测值 中心
I13	0.520*** (32.8)	0.939*** (1133.9)	0.028*** (2235.3)	-0.031*** (-143.2)	0.803	0.998	28586	74709
I14	0.581*** (2154.0)	0.952*** (2610.0)	0.068*** (3755.3)	-0.043*** (-565.1)	1.042	0.993	11543	28958
I15	0.548*** (366.8)	1.149*** (387.3)	0.043*** (1311.7)	-0.146*** (-2561.4)	1.277	0.997	10118	17000
I16	2.213*** (61.4)	1.587*** (42.2)	-0.257*** (-1148.0)	0.007** (2.1)	4.354	0.999	721	1364
I17	0.013*** (57.6)	0.987*** (803.1)	0.016*** (54.6)	-0.363*** (-108.7)	0.650	0.930	21946	125488
I18	0.205*** (825.5)	1.013*** (112.6)	0.022*** (42.0)	-0.003 (-1.1)	0.267	0.997	10048	72857
I19	0.249*** (31.7)	1.216*** (32.5)	0.055*** (334.5)	-0.176*** (-487.2)	0.833	0.993	4756	36013
I20	0.302*** (71.3)	0.947*** (521.4)	0.042*** (1730.4)	-0.052*** (-1437.6)	0.513	0.992	5770	27834
I21	0.176*** (243.2)	1.101*** (322.8)	0.082*** (650.7)	-0.094*** (-958.2)	0.523	0.995	3004	16510

续表

行业	$\hat{A}$	$\hat{D}$	$\hat{\underline{S}}$	$\hat{\bar{S}}$	$\Delta TFP_{u=0.5}$	R^2	观测值 外围	观测值 中心
I22	0.191*** (511.3)	1.121*** (214.0)	0.023*** (1866.8)	0.002 (1.0)	0.247	0.994	10011	40595
I23	1.012*** (88.1)	0.778*** (146.2)	−0.010*** (−281.2)	−0.006* (−1.7)	1.740	0.984	8532	26208
I24	0.357*** (239.6)	0.931*** (165.8)	0.088*** (407.5)	−0.056*** (−45.2)	0.692	0.994	2272	20183
I25	0.361*** (83.7)	1.521*** (228.5)	0.045*** (501.6)	−0.127*** (−367.2)	0.997	0.988	4356	7900
I26	0.118*** (338.7)	0.991*** (82.1)	0.033*** (1242.0)	−0.014*** (−785.3)	0.193	0.948	31409	95323
I27	0.409*** (366.1)	1.284*** (324.5)	−0.031*** (−269.1)	−0.022*** (−1191.3)	0.484	0.993	10195	24075
I28	−0.320*** (−50.9)	1.474*** (79.2)	0.112*** (155.2)	−0.241*** (−87.4)	0.426	0.989	1249	7546
I29	0.251*** (248.7)	1.326*** (62.2)	0.052*** (4712.3)	−0.138*** (−2761.1)	0.768	0.978	3873	16181
I30	0.227 (0.0)	1.138*** (395.4)	−0.027*** (1477.6)	−0.004*** (−717.6)	0.214	0.991	13826	65120
I31	0.347*** (2641.8)	0.998*** (1643.7)	0.019*** (2955.2)	0.011 (0.9)	0.429	0.999	39242	103157
I32	−0.027*** (−41.6)	1.611*** (61.3)	0.118*** (921.0)	−0.012*** (−511.4)	0.267	0.972	12565	26077
I33	0.056*** (115.8)	1.316*** (77.9)	−0.021*** (60.1)	−0.078*** (−306.2)	0.162	0.950	8037	24867
I34	0.014*** (226.1)	1.044*** (329.6)	0.020*** (3844.4)	−0.019*** (2715.5)	0.067	0.982	14148	81174
I35	0.211*** (244.2)	1.095*** (969.8)	0.023*** (322.4)	−0.015* (−1.7)	0.301	0.983	24521	102579

第6章 异质性企业空间选择的城市生产率溢价效应研究

续表

行业	$\hat{A}$	$\hat{D}$	$\hat{\underline{S}}$	$\hat{\bar{S}}$	$\Delta TFP_{u=0.5}$	R^2	观测值 外围	观测值 中心
I36	0.343*** (126.1)	0.956*** (488.8)	0.050*** (1322.2)	-0.004 (-0.6)	0.503	0.993	13426	56323
I37	0.233*** (8941.0)	0.956*** (1144.2)	0.038*** (1812.0)	-0.076*** (-550.1)	0.448	0.960	18202	58648
I39	0.064*** (519.8)	1.200*** (38.4)	-0.013*** (344.8)	-0.067*** (-225.1)	0.156	0.997	10817	60862
I40	0.304*** (385.5)	1.298*** (164.6)	-0.012*** (-571.3)	-0.014*** (315.2)	0.360	0.995	13867	56714
I41	0.335*** (152.5)	1.316*** (28.0)	-0.011*** (-621.2)	-0.036*** (-338.1)	0.457	0.996	5948	28109
I42	0.143*** (500.5)	1.152*** (9.2)	0.016*** (18.2)	-0.079*** (46.2)	0.324	0.986	4416	26473
I43	0.491*** (219.5)	0.853*** (522.1)	0.030*** (281.3)	0.024*** (300.6)	0.644	0.994	2331	13294
All	0.023*** (144.3)	0.984*** (56.8)	0.004*** (227.1)	-0.012*** (100.4)	0.044	0.974	424613	1267263

注：①括号内为 t 值；②*、** 和 *** 分别表示在10%、5%和1%的显著性水平上显著；③表中 $\Delta TFP_{u=0.5}$ 衡量的是 0.5 分位数上相对于小城市而言，大城市的企业生产率提升；④表中的行业代码分别对应为：农副食品加工业（I13）、食品制造业（I14）、饮料制造业（I15）、烟草制品业（I16）、纺织业（I17）、纺织服装、鞋、帽制造业（I18）、皮革、毛皮、羽毛（绒）及其制品业（I19）、木材加工及木、竹、藤、棕、草制品业（I20）、家具制造业（I21）、造纸及纸制品业（I22）、印刷业和记录媒介的复制（I23）、文教体育用品制造业（I24）、石油加工、炼焦及核燃料加工业（I25）、化学原料及化学制品制造业（I26）、医药制造业（I27）、化学纤维制造业（I28）、橡胶制品业（I29）、塑料制品业（I30）、非金属矿物制品业（I31）、黑色金属冶炼及压延加工业（I32）、有色金属冶炼及压延加工业（I33）、金属制品业（I34）、通用设备制造业（I35）、专用设备制造业（I36）、交通运输设备制造业（I37）、电气机械及器材制造业（I39）、通信设备、计算机及其他电子设备制造业（I40）、仪器仪表及文化、办公用机械制造业（I41）、工艺品及其他制造业（I42）、废弃资源和废旧材料回收加工业（I43）。

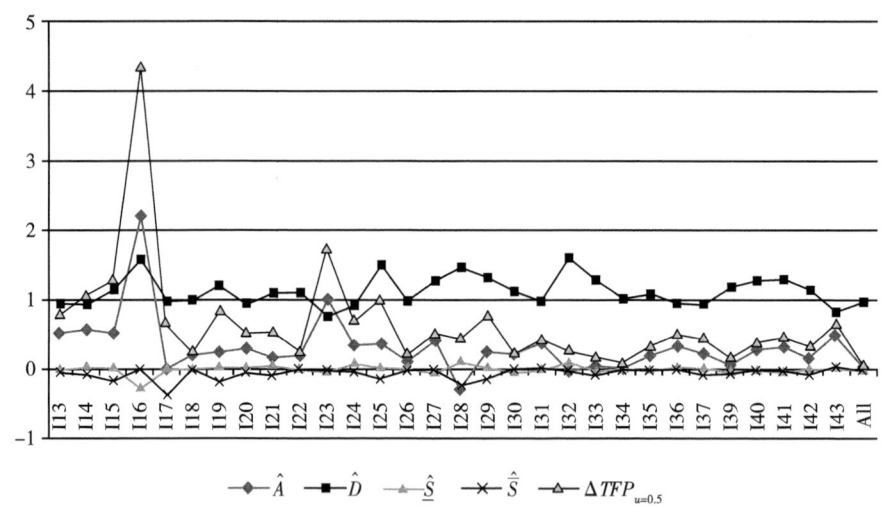

图 6.5 城市规模与异质性企业生产率差异：行业视角

从表 6.6 可以看出，对于不同的行业，城市规模对异质性企业生产率溢价的影响是不同的：

(1) 集聚效应促进了所有行业的企业生产率溢价？

对于表 6.6 中 $\hat{A}$ 的估计结果，绝大多数行业的估计值都显著为正，这说明集聚效应确实带来了这些行业的企业生产率的提升。在这些行业中，集聚带来的生产率溢价效应最高的为行业 I16（烟草制品业）：$\hat{A}$ 的估计值为 2.213，这说明相对于小城市而言，集聚使得大城市的烟草制品企业的生产率提高了 2.213 倍，差距非常明显。这可能是因为烟草制品业在中国属于典型的完全垄断行业，主要集中在上海、昆明、贵阳、长沙、武汉、南京等规模较大的城市，行政和资源垄断导致这些集聚在大城市的烟草制品企业可以获得垄断竞争优势。生产率溢价较小的是行业 I17（纺织业），$\hat{A}$ 的估计值为 0.013，这说明相对于小城市而言，集聚效应导致大城市的纺织企业生产率普遍提升了 0.013。

但并不是所有的行业都得到了提升：对于 I28（化学纤维制造业）和 I32（黑色金属冶炼及压延加工业）这两个行业而言，$\hat{A}$ 的参数估计值分别显著为 -0.320 和 -0.027，这说明集聚反而带来了这两个行业的企业生产率下降。以

第6章 异质性企业空间选择的城市生产率溢价效应研究

黑色金属冶炼及压延加工业为例,由于这一行业的企业生产需要铁矿、钛矿、锰矿、钒矿等运输成本较高的原材料,而在进口量一定的情形下,这些矿石在中国的地域分布是相对分散的,因此,黑色金属冶炼及压延加工业企业的集聚并不会带来生产率溢价,这也和韦伯的工业区位思想是一致的。

(2) 竞争效应导致了大城市企业生产率更大的"贫富不均"?

在本书中,参数估计值$\hat{D}$可以很好地衡量城市间的异质性企业生产率方差。从表 6.7 的回归结果可以看出,各个行业的$\hat{D}$估计值显著不等于 1,这说明大城市和小城市的企业生产率方差存在着差异。尽管从整体来看,$\hat{D}$的值显著小于 1,为 0.984,说明大城市的企业生产率方差较小,但具体的行业体现出极大的差异性。在这 30 个工业行业中,有 12 个行业的$\hat{D}$值显著小于 1,$\hat{D}$值最小的行业为 I23(印刷业和记录媒介的复制),说明这些行业的异质性企业在小城市有更大的生产率方差;但有 18 个行业的$\hat{D}$值显著大于 1,$\hat{D}$值最大的行业为 I32(黑色金属冶炼及压延加工业),这些行业在大城市有更大的生产率"贫富不均"现象。因此,竞争效应并不一定导致大城市的企业生产率有更大的"贫富不均",这取决于行业差异。

(3) 城市间企业区位选择是否永远"水往高处流"?

当$\tilde{S}$大于 0 时,说明相对于小城市,大城市的异质性企业生产率分布为右截断,更多的高生产率企业选择转移到小城市;反之则为右尾延伸,意味着城市间企业区位选择存在着"水往高处流"的现象,小城市高生产率的企业转移到了大城市。这种"水往高处流"的现象更被人们熟知,也更容易被理解。在表 6.7 中,整体样本估计得到的$\tilde{S}$结果为-0.012,显著小于 0;并且 30 个行业有 26 个行业的$\tilde{S}$都显著小于 0,这说明大部分行业的企业都存在着"水往高处流"现象,也和空间经济学关于异质性企业区位选择的基本理论吻合。

但我们发现,并不是所有行业的高生产率企业都会从小城市向大城市转移:对于烟草制品业(I16)、造纸及纸制品业(I22)、非金属矿物制品业(I31)、废弃资源和废旧材料回收加工业(I43)这四个工业行业而言,更多的高生产率企业从大城市向小城市转移,这其中的机理仍值得进一步探讨。

(4) 大城市拥有更高的市场进入门槛吗？

通常来讲，大城市由于市场竞争更激烈，有更高的进入门槛（陈强远、梁琦，2014），因此，大城市的低生产率企业将会"逃逸"到小城市（Baldwin and Okubo, 2006）。此时，大城市的异质性企业生产率分布将会呈现"左截断"现象，在本书中体现为 $\hat{S}$ 的值显著为正。根据本书估计结果，全部工业行业的 $\hat{S}$ 值为 0.004，显著大于 0。而分行业的估计结果显示，30 个工业行业中有 22 个行业的 $\hat{S}$ 值大于 0，体现出显著的分类效应。但并不是对于所有的行业而言大城市都有更高的市场进入门槛，烟草制品业（I16）、印刷业和记录媒介的复制（23）、医药制造业（27）、塑料制品业（30）、有色金属冶炼及压延加工业（33）等行业的 $\hat{S}$ 值显著小于 0，说明这些行业中小城市的低生产率企业反而选择转移到大城市，后者体现出更大的企业生存包容性。

6.5.4 稳健性检验

为了更好地说明本书估计结果的稳健，我们给出了几组约束性设定时的估计结果。通过对比不同待估参数集的 R^2，可以判断各组计量模型设定与拟合的优劣程度。在表 6.8 中，我们给出了 $\theta\{\hat{A}, \hat{\underline{S}}, \hat{\overline{S}}\}$ 与 $\theta\{\hat{A}\}$ 这两组估计结果。

对于全体样本上的 $\theta\{\hat{A}, \hat{\underline{S}}, \hat{\overline{S}}\}$ 估计值，相对于 $\theta\{\hat{A}, \hat{D}, \hat{\underline{S}}, \hat{\overline{S}}\}$ 而言，R^2 值相对较小，说明拟合效果相对较差。而对于除了 $\hat{D}$ 以外的参数，估计结果较为接近，并且仍都显著。对于分行业的估计结果，也是相同的情况：R^2 相对于 $\theta\{\hat{A}, \hat{D}, \hat{\underline{S}}, \hat{\overline{S}}\}$ 的结果变小。这说明引入 $\hat{D}$ 可以更好地提高估计结果的拟合优度。对于 $\theta\{\hat{A}\}$ 的估计结果，R^2 值变得更小，说明仅仅用 $\hat{A}$ 来拟合大城市和小城市间的异质性企业生产率分布差异，其拟合效果较差。

第6章 异质性企业空间选择的城市生产率溢价效应研究

表6.7 约束性设定时的回归结果

行业	$\hat{A}$	$\hat{S}$	$\hat{\tilde{S}}$	R^2	$\hat{A}$	R^2
I13	0.469*** (29.4)	0.507*** (834.0)	-0.122*** (-61.2)	0.996	0.583*** (31.4)	0.948
I14	0.625*** (17.9)	0.054*** (227.4)	-0.023** (-2.2)	0.992	0.777*** (70.5)	0.933
I15	0.675*** (89.4)	0.017*** (765.3)	-0.125*** (-431.2)	0.980	0.728*** (251.8)	0.966
I16	3.121*** (139.7)	-0.287*** (-124.0)	0.012*** (2.7)	0.988	2.262*** (138.6)	0.905
I17	0.009*** (785.4)	0.020*** (328.8)	-0.133*** (-48.3)	0.921	0.048*** (590.1)	0.386
I18	0.211*** (561.0)	0.019*** (583.1)	-0.013* (-1.7)	0.997	0.250*** (627.7)	0.914
I19	0.342*** (62.7)	0.012*** (9.9)	-0.224*** (-281.2)	0.927	0.367*** (42.9)	0.909
I20	0.325*** (1082.4)	0.030*** (757.9)	-0.077*** (-2253.1)	0.989	0.386*** (1543.0)	0.931
I21	0.398*** (271.0)	0.052*** (418.1)	-0.114*** (-1251.4)	0.990	0.523*** (280.3)	0.875
I22	0.232*** (1365.3)	0.005*** (735.6)	0.002* (1.8)	0.913	0.244*** (383.2)	0.902
I23	0.701*** (698.9)	0.106*** (929.2)	-0.038** (-2.0)	0.979	0.985*** (280.0)	0.917
I24	0.396*** (664.7)	0.070*** (495.3)	-0.041*** (-101.3)	0.993	0.549*** (74.2)	0.873
I25	2.357*** (81.5)	-2.232*** (-318.8)	-0.116*** (-94.3)	0.932	0.496*** (501.6)	0.522
I26	0.177*** (793.7)	0.006*** (657.0)	-0.029*** (-82.2)	0.876	0.189*** (1242.0)	0.866

续表

行业	$\hat{A}$	$\hat{S}$	$\hat{\tilde{S}}$	R^2	$\hat{A}$	R^2
I27	0.585*** (391.1)	-0.049*** (-321.5)	-0.107*** (-871.7)	0.898	0.489*** (1251.4)	0.874
I28	1.683*** (374.0)	-1.554*** (-4.7)	-0.193*** (-144.0)	0.883	0.528*** (842.7)	0.658
I29	0.465*** (145.1)	-0.063*** (-174.2)	-0.100*** (-1984.2)	0.817	0.365*** (151.2)	0.800
I30	0.280*** (81.0)	-0.001*** (-952.3)	-0.011*** (-417.2)	0.938	0.279*** (4.6)	0.938
I31	0.347*** (185.7)	0.019*** (454.0)	0.046* (1.7)	0.999	0.387*** (1042.0)	0.969
I32	2.532*** (164.0)	-5.514** (-2.0)	-0.106*** (-514.7)	0.737	0.283*** (3.6)	0.344
I33	0.376*** (632.1)	-0.137*** (-962.8)	-0.066*** (-417.5)	0.529	0.161*** (573.1)	0.363
I34	0.171*** (240.9)	0.011*** (836.0)	-0.022*** (1112.3)	0.969	0.193*** (100.3)	0.931
I35	0.255*** (526.0)	0.005*** (454.0)	-0.028** (-2.2)	0.945	0.265*** (422.2)	0.940
I36	0.351*** (30.6)	0.065*** (219.3)	-0.006 (-1.0)	0.991	0.500*** (421.8)	0.876
I37	0.269*** (424.9)	0.027*** (424.9)	-0.111*** (-419.3)	0.950	0.344*** (142.1)	0.873
I39	0.251*** (203.6)	-0.115*** (-209.0)	-0.045*** (-198.2)	0.621	0.076*** (148.4)	0.191
I40	0.739*** (165.9)	-0.284*** (-172.4)	-0.028*** (408.6)	0.837	0.343*** (162.0)	0.678
I41	0.627*** (17.9)	-0.150*** (-28.3)	-0.118*** (-88.4)	0.845	0.390*** (183.6)	0.759

续表

行业	$\hat{A}$	$\hat{\underline{S}}$	$\hat{\bar{S}}$	R^2	$\hat{A}$	R^2
I42	0.204*** (550.0)	-0.007*** (-745.1)	-0.060** (-2.2)	0.890	0.221*** (334.2)	0.864
I43	0.365*** (784.1)	0.127*** (137.9)	0.019*** (388.9)	0.984	0.610*** (82.1)	0.816
All	0.022*** (134.5)	0.0045*** (218.3)	-0.012*** (-122.3)	0.934	0.023*** (148.7)	0.914

注：①括号内为 t 值；② *、** 和 *** 分别表示在 10%、5% 和 1% 的显著性水平上显著。

表 6.8 给出了 $\theta\{\hat{A}, \hat{D}\}$ 与 $\theta\{\hat{\underline{S}}, \hat{\bar{S}}\}$ 这两组待估参数集的估计结果。在 $\theta\{\hat{A}, \hat{D}\}$ 中，我们剔除了左右截断项，用截距项和压缩项来拟合城市间企业生产率分布差异。和 $\theta\{\hat{A}, \hat{D}, \hat{\underline{S}}, \hat{\bar{S}}\}$ 相比，整体样本上的 $\hat{A}$ 和 $\hat{D}$ 的估计值差别不大，并且都在 1% 的水平上显著，但 R^2 相对较小。分行业的估计结果也说明了 $\theta\{\hat{A}, \hat{D}, \hat{\underline{S}}, \hat{\bar{S}}\}$ 的估计结果相对于 $\theta\{\hat{A}, \hat{D}\}$ 更优。此外，我们也仅仅引入了左右截距项来拟合，但同样结果相对较差。

表 6.8 约束性设定时的回归结果

行业	$\hat{A}$	$\hat{D}$	R^2	$\hat{\underline{S}}$	$\hat{\bar{S}}$	R^2
I13	0.583*** (31.7)	0.879*** (157.3)	0.990	0.279*** (33.6)	-0.089*** (-103.5)	0.822
I14	0.777*** (70.5)	0.884*** (132.5)	0.963	0.302*** (348.8)	-0.047*** (-3.0)	0.788
I15	0.729*** (58.1)	1.003*** (519.8)	0.966	0.275*** (470.5)	-0.127*** (-449.4)	0.664
I16	2.264*** (151.4)	1.532*** (165.4)	0.998	0.500*** (571.5)	0.014*** (3.0)	0.386

续表

行业	$\hat{A}$	$\hat{D}$	R^2	$\hat{\underline{S}}$	$\hat{\bar{S}}$	R^2
I17	0.048*** (590.1)	0.949*** (591.0)	0.701	0.022*** (451.4)	−0.158*** (−103.2)	0.913
I18	0.250*** (627.7)	0.943*** (1185.4)	0.942	0.114*** (16.0)	−0.033** (−2.0)	0.689
I19	0.367*** (42.9)	1.052*** (54.3)	0.920	0.181*** (67.7)	−0.201*** (−83.2)	0.495
I20	0.386*** (1543.0)	0.932*** (114.8)	0.949	0.201*** (260.0)	−0.061*** (−589.6)	0.726
I21	0.523*** (280.3)	0.875*** (20.0)	0.921	0.230*** (77.6)	−0.200*** (−981.6)	0.779
I22	0.244*** (383.2)	1.054*** (697.4)	0.931	0.084*** (3221.1)	0.017*** (2.7)	0.426
I23	0.985*** (280.0)	0.804*** (207.0)	0.982	0.369*** (400.5)	−0.0458** (−4.0)	0.858
I24	0.549*** (104.0)	0.846*** (179.5)	0.934	0.279*** (1752.3)	−0.044*** (−116.4)	0.845
I25	0.496*** (77.5)	1.434*** (563.6)	0.975	0.144*** (1665.3)	−0.134*** (−111.5)	0.101
I26	0.189*** (958.0)	1.027** (1272.7)	0.881	0.058*** (7405.1)	−0.015*** (−88.4)	0.470
I27	0.489*** (280.9)	1.193*** (112.8)	0.977	0.191*** (147.8)	−0.228*** (−63.8)	0.326
I28	0.528*** (771.0)	1.444*** (411.9)	0.951	0.197*** (944.0)	−0.165*** (−231.7)	0.174
I29	0.365*** (151.2)	1.197*** (443.7)	0.942	0.146*** (253.9)	−0.136*** (−1444.1)	0.276
I30	0.279*** (4.6)	1.069*** (381.5)	0.969	0.112*** (597.6)	−0.010*** (−423.7)	0.423

续表

行业	$\hat{A}$	$\hat{D}$	R²	$\hat{S}$	$\hat{\bar{S}}$	R²
I31	0.387*** (142.0)	0.946*** (149.2)	0.982	0.211*** (184.0)	0.045* (1.8)	0.698
I32	0.283*** (524.5)	1.398*** (469.5)	0.930	0.019*** (149.6)	-0.101*** (-88.6)	0.005
I33	0.161*** (535.9)	1.221*** (492.0)	0.894	0.007*** (173.5)	-0.061*** (-422.1)	0.011
I34	0.193*** (100.3)	0.989*** (153.0)	0.933	0.067*** (184.6)	-0.024*** (904.2)	0.548
I35	0.265*** (422.2)	1.033*** (350.1)	0.950	0.107*** (154.9)	-0.033*** (-3.0)	0.479
I36	0.500*** (89.4)	0.851*** (19.1)	0.961	0.225*** (229.5)	-0.006* (-1.7)	0.861
I37	0.344*** (142.1)	0.960*** (209.8)	0.889	0.104*** (270.0)	-0.106*** (-304.5)	0.687
I39	0.076*** (243.5)	1.187*** (9.3)	0.992	-0.007*** (-470.7)	-0.044*** (-1994.0)	0.022
I40	0.343*** (162.0)	1.259*** (220.1)	0.989	0.086*** (128.8)	-0.021*** (436.2)	0.115
I41	0.390*** (183.6)	1.248*** (31.7)	0.979	0.120*** (91.0)	-0.143*** (-128.6)	0.149
I42	0.221*** (334.2)	1.039*** (200.4)	0.881	0.060*** (103.5)	-0.054** (-2.2)	0.408
I43	0.610*** (28.2)	0.718*** (187.3)	0.970	0.363*** (355.2)	0.037*** (112.6)	0.935
All	0.023*** (144.3)	0.984*** (56.8)	0.926	0.005*** (243.6)	-0.018*** (88.6)	0.929

注：①括号内为t值；②*、**和***分别表示在10%、5%和1%的显著性水平上显著。

6.6 本章小结

本章基于双城框架探讨了城市内企业生产率溢价的理论基础，并利用1999~2007年中国工业企业的微观数据，考察了中国城市间异质性企业生产率分布差异的源泉，揭示了大城市生产率溢价的谜团。本章主要得到以下结论：

（1）城市的企业生产率溢价是集聚效应、选择效应、分类效应和竞争效应共同作用的结果。

本书在非中心—外围结构和以城市 N 为中心的 CP 结构这两种情形下，考察了城市的企业生产率溢价之谜是如何形成的。集聚效应、选择效应、分类效应和竞争效应共同影响了城市的异质性企业生产率溢价：竞争效应会通过压缩或扩张非对称影响企业生产率；集聚效应会整体提升或降低所有企业生产率；选择效应和分类效应则会通过城市间的企业区位选择来影响城市整体的企业生产率分布。这个效应相互作用，共同导致不同城市企业生产率溢价差异之谜。

（2）集聚效应提高了大部分行业的企业生产率溢价。

相对于小城市而言，集聚效应使得大城市大部分行业的企业生产率得到了提升。也就是说，大部分行业的企业在大城市具有更高企业生产率溢价。其中，集聚效应带来的生产率溢价最高的行业为烟草制品业。但并不是所有的行业在大城市集聚都会带来企业生产率溢价：对于化学纤维制造业和黑色金属冶炼及压延加工业这两个行业而言，在大城市的集聚反而是不利于企业生产率提升的。这再次说明了，是否选择在大城市集聚，需要考虑行业的特征。

（3）竞争效应并不一定导致大城市企业生产率呈现更大的"贫富不均"。

竞争效应会对不同生产率的企业产生非对称性的影响，对高生产率和低生产率企业的影响是不同的。在 30 个行业中，有 18 个行业在大城市有更高的企业生产率"贫富"差距，而 12 个行业在大城市的企业生产率方差较小。其中，在大城市方差较大的为黑色金属冶炼及压延加工业，而方差最小的为印刷业和记录媒介的复制行业。

（4）城市间异质性企业区位选择存在着"水往高处流"现象。

根据估计结果可以发现，相对于小城市而言，绝大部分行业的大城市的异质性企业生产率分布表现为右尾延伸，这说明城市间异质性企业区位选择存在着"水往高处流"的现象。也就是说，更多高生产率的企业选择从小城市转移到大城市。本书的结论证实了，中国城市间企业区位选择存在着显著的选择效应。这也意味着，仅仅强调大城市的集聚效应对企业生产率溢价的贡献，而忽略了选择效应的影响，这会高估前者的作用。因此这也意味着，不应过于强调集聚效应的影响，否则会导致过度集聚与城市拥挤效应等问题的出现。但也有个别行业的例子相反：更多高生产率企业从小城市转移到大城市，包括烟草制品业、造纸及纸制品业、非金属矿物制品业、废弃资源和废旧材料回收加工业这四个行业。

（5）大城市并不一定有更高的市场进入门槛。

通常认为，大城市由于市场竞争更加激烈，因此进入大城市的企业必须要有较高的企业生产率。本书实证发现，相对于小城市而言，大部分行业在大城市的异质性企业生产率分布呈现"左截断"现象，说明存在显著的分类效应。也就说，这些行业在大城市拥有更高的市场进入门槛。但同时本书也发现，烟草制品业、印刷业和记录媒介的复制、医药制造业、塑料制品业、有色金属冶炼及压延加工业在大城市的市场进入门槛较低。

第 7 章　本书结论与启示

7.1　本书结论

本书基于异质性企业区位选择的基本模型，就企业异质性假设和同质性假设下的模型均衡结论进行了对比分析，并分别在三种不同情形下对异质性企业区位选择的机理及效应进行了研究，得出以下结论。

7.1.1　引入企业异质性假设的空间经济学模型结论

和企业同质性下企业区位选择的均衡解相比，企业异质性假设下均衡时转移企业的生产份额不变，集聚程度更加分散，转移企业的生产率均值更高，本地市场效应减弱，而突发性集聚特征和突破点都将消失。

7.1.2　环境规制下的异质性企业空间选择及环境污染效应结论

本书在企业间存在投入产出垂直联系的 FCVL 模型框架下，通过建立企业污染与产业集聚的理论模型，探讨了环境污染与集聚的内在机理以及产业集聚对地区支出份额、环境污染量的影响。理论模型发现，不同的环境规制政策对总污染量产生的影响是不同的：在较低贸易自由度下单方面非合作环境规制可以降低总污染量，而合作的环境规制则会增加总污染量；在较高的贸易自由度下非合作的环境规制会增加总污染量，合作的环境规制可以降低总污染量。而基于中国2001~2008年38个工业制造行业面板数据的实证研究结论也发现，在合作的环境规制情况下，贸易成本的降低可以起到减少环境污染量的作用。

7.1.3　知识溢出情形下异质性企业空间选择与城镇化效应结论

本书建立了一个异质性企业市场进入与劳动力流动内生决定的空间经济学理论模型，考察城市技术比较优势和知识溢出对异质性劳动力流动的影响。通过理论模型构建和数值模拟分析，本书研究发现：对于转型经济体，缺乏产业支撑的城镇化将难以持续，而没有高生产率和高技术产业支撑的城镇化同样是不可行的。本书还发现，现阶段中国城镇化过程中劳动力流动出现的"中国悖论"并不成立，这是转型经济体在城镇化过程中必然会遇到的。

7.1.4　城市竞争情形下的异质性企业空间选择与企业生产率溢价效应结论

本书构建了大城市企业生产率溢价的概念框架，考察了选择效应、分类效应、集聚效应与竞争效应将如何导致城市间异质性企业生产率分布差异，并实证解答了中国大城市的企业生产率溢价之谜。本书研究发现：城市的企业生产率溢价是集聚效应、选择效应、分类效应和竞争效应共同作用的结果，集聚效应提高了大部分行业的企业生产率溢价，竞争效应并不一定导致大城市企业生产率呈现更大的"贫富不均"。同时，城市间异质性企业区位选择存在着"水往高处流"现象，大城市并不一定有更高的市场进入门槛。

7.2 政策启示

异质性企业区位选择的影响因素众多,其产生的效应也非常多。本书在对异质性企业区位选择一般机理考察的基础上,只对异质性企业区位选择导致的环境污染效应、城镇化效应和政策协调效应这三种情况进行了分析。这三种情况在理论研究上具有很好的代表性,同时和我国现阶段区域经济发展的具体实践紧密联系,具有较好的理论借鉴和实践指导意义。

7.2.1 推行地区合作的环境治理政策

从整体环境污染治理的角度来看,推行区域合作的环境保护政策显得尤其重要。特别是由于地区间的资本流动日益频繁,实行合作的管制政策可以有效地减少污染企业或产业的环境规制规避以及"污染天堂"的出现。在推行区域合作的环境规制政策时,中央政府要注意防止地方政府对环境规制政策的变相更改,通过一些隐性或操作的方式降低或不实施环境规制政策。

7.2.2 依靠产业升级与技术进步来推动城镇化

对于地方政府而言,通过人口集聚途径来推动城镇化这一路径是不正确的。尽管短期内人口的集聚能从指标上提高城镇化水平,但由于知识溢出、技术进步创造的高工资是吸引人口集聚的根本动力,这种推进方式从长期来讲并不能持续。因此,要推动新型城镇化建设,则需要加快城市的产业升级与技术进步,培育城市的技术比较优势,进而提高自身在城市层级体系中的地位。依靠产业集聚和工业化来支撑城镇化,同时要注重产业升级和技术进步,通过高技术产业的集聚和新型工业化来推动城镇化。

7.2.3 城市发展在避免过度集聚时应发挥城市集聚效应的作用

在积极推进新型城市化背景下,探索大城市的企业生产率溢价的成因,可以更好地指引中国城市发展道路。集聚效应将企业生产率提升归结于城市的外部性,因此城市发展应着眼于加快实施产业集聚政策与降低集聚成本,以提升整体企业的生产率。而选择效应强调提升城市竞争力的关键在于吸引高生产率企业,因而更重视土地成本、税收优惠等竞争政策。另外,城市生产率是衡量城市竞争力的重要指标。本文研究发现,选择效应和分类效应确实在大城市生产率溢价中起到了一定的作用,但这并不能忽视城市集聚效应的主要贡献。这意味着,在避免新型城市化发展中过度集聚与城市拥挤效应等负面作用出现的同时,应注重充分发挥生产要素在大城市空间集聚带来的生产率提升效应,以及对企业技术进步与转型的促进作用。

附录1 第4章公式推导

1. 根据定义,在企业区位转移系数为 a_L 或 a_C 且无环境污染税时的资本收益可以表示为:

$$\Pi_N^0 = K_N \left[\int_{a_\zeta}^1 \pi_{Nj} dF(a_j) + \int_1^{a_\zeta} \pi_{Sj} dF(a_j) \right], \quad \Pi_S^0 = K_S \int_0^1 \pi_{Sj} dF(a_j) \tag{1}$$

由于北部地区 $a_j < a_\zeta$ 的企业将转移到南部,因此北部地区的资本收益既包括在本地投资的北部资本的收益,还包括在南部投资的北部资本的收益,即:

$$\begin{aligned}
\Pi_N^0 &= K_N \left[\int_{a_\zeta}^1 (\pi_{Nj} + v_{Nj}) dF(a_j) + 0 \int_0^{a_\zeta} (\pi_{Sj} + v_{Sj}) dF(a_j) \right] \\
&= K_N \left[\begin{array}{l} \int_{a_\zeta}^1 \frac{\mu}{\sigma} \left(1 - \frac{1}{\sigma}\right)^{\sigma-1} a_j^{1-\sigma} (G_N^{\frac{\sigma-1}{\mu}} + \phi G_S^{\frac{\sigma-1}{\mu}}) dF(a_j) + \\ \int_0^{a_\zeta} \frac{\mu}{\sigma} \left(1 - \frac{1}{\sigma}\right)^{\sigma-1} a_j^{1-\sigma} (\phi G_N^{\frac{\sigma-1}{\mu}} + G_S^{\frac{\sigma-1}{\mu}}) dF(a_j) \end{array} \right] \\
&= K_N \frac{\lambda \mu}{\sigma} \left(1 - \frac{1}{\sigma}\right)^{\sigma-1} \left[a_\zeta^\alpha (G_N^{\frac{\sigma-1}{\mu}} + \phi G_S^{\frac{\sigma-1}{\mu}}) + (1 - a_\zeta^\alpha)(\phi G_N^{\frac{\sigma-1}{\mu}} + G_S^{\frac{\sigma-1}{\mu}}) \right]
\end{aligned} \tag{2}$$

将式 (4.19) 代入上式后有:

$$\Pi_N^0 = K_N \left[\begin{array}{l} \int_{a_\zeta}^1 \frac{\mu}{\sigma} \left(1 - \frac{1}{\sigma}\right)^{\sigma-1} a_j^{1-\sigma} (G_N^{\frac{\sigma-1}{\mu}} + \phi G_S^{\frac{\sigma-1}{\mu}}) dF(a_j) \\ + \int_0^{a_\zeta} \frac{\mu}{\sigma} \left(1 - \frac{1}{\sigma}\right)^{\sigma-1} a_j^{1-\sigma} (\phi G_N^{\frac{\sigma-1}{\mu}} + G_S^{\frac{\sigma-1}{\mu}}) dF(a_j) \end{array} \right] \tag{3}$$

根据异质性企业帕累托分布性质,进一步化简后有:

$$\Pi_N^0 = K_N \frac{\lambda\mu}{\sigma}\left(1-\frac{1}{\sigma}\right)^{\sigma-1}\{G_N^{\frac{\sigma-1}{\mu}}(1-a_\zeta^\alpha+\phi a_\zeta^\alpha)+G_S^{\frac{\sigma-1}{\mu}}[(1-a_\zeta^\alpha)\phi+a_\zeta^\alpha]\}, \tag{4}$$

获证。

2. 根据定义，北部地区的中间投入品总收入为：

$$\Lambda_N = P_N \int_{j=1}^{\Omega} a_j x_j dj \tag{5}$$

其中，Ω 表示市场内的制造业生产商集合。

根据式（4.10），北部地区企业 j 的销售量有：

$$x_{Nj} = p_{Nj}^{-\sigma}\mu[G_N^{\frac{\sigma-1}{\mu}}+\phi(G_S)^{\frac{\sigma-1}{\mu}}] \tag{6}$$

其中，$\phi=\tau^{1-\sigma}$。

由于从北部地区采购中间品投入的制造业生产商包括区位位于南部和北部两个地区的企业，将上式代入式（5），并根据北部地区产品最优定价 $p_{ij}=\frac{\sigma}{\sigma-1}a_j$，进一步有：

$$\begin{aligned}\Lambda_N &= G_N\int_{j=1}^{\Omega_N}a_j\left(\frac{\sigma}{\sigma-1}a_j\right)^{-\sigma}\mu(G_N^{\frac{\sigma-1}{\mu}}+\phi G_S^{\frac{\sigma-1}{\mu}})dj \\ &= \lambda\mu\left(1-\frac{1}{\sigma}\right)^\sigma K_N(1-a_L^\alpha)G_N(G_N^{\frac{\sigma-1}{\mu}}+\phi G_S^{\frac{\sigma-1}{\mu}})\end{aligned} \tag{7}$$

同理，对于南部地区而言，制造业生产商从南部地区购买的中间投入品消费额用 Λ_S 表示：

$$\begin{aligned}\Lambda_S &= G_S\int_{j=1}^{\Omega_S}a_j\left(\frac{\sigma}{\sigma-1}a_j\right)^{-\sigma}\mu(G_S^{\frac{\sigma-1}{\mu}}+\phi G_M^{\frac{\sigma-1}{\mu}})dj \\ &= \lambda\mu\left(1-\frac{1}{\sigma}\right)^\sigma(K_S+a_L^\alpha K_N)G_S(G_S^{\frac{\sigma-1}{\mu}}+\phi G_N^{\frac{\sigma-1}{\mu}}),\end{aligned} \tag{8}$$

获证。

附录2 第6章附表

L_s	k			m_s^{max}/m_r^{max}			τ_0/τ_1		
	1	2	4	1	0.5	0.25	0.75	0.5	0.25
0.01	46.964	47.191	49.431	29.659	47.191	75.218	61.497	47.191	31.450
0.02	29.390	29.771	32.450	18.649	29.771	47.721	38.428	29.771	21.087
0.03	21.417	21.904	24.515	13.639	21.904	35.361	27.943	21.904	16.293
0.04	16.878	17.428	19.846	10.802	17.428	28.265	21.975	17.428	13.456
0.05	13.938	14.533	16.770	8.965	14.533	23.723	18.084	14.533	11.560
0.06	11.888	12.494	14.542	7.683	12.494	20.482	15.396	12.494	10.196
0.07	10.371	10.999	12.853	6.730	10.999	18.092	13.387	10.999	9.154
0.08	9.201	9.828	11.544	6.000	9.828	16.259	11.855	9.828	8.330
0.09	8.299	8.910	10.480	5.417	8.910	14.755	10.622	8.910	7.651
0.10	7.522	8.146	9.592	4.943	8.146	13.535	9.631	8.146	7.093
0.11	6.901	7.521	8.856	4.547	7.521	12.526	8.808	7.521	6.617
0.12	6.376	6.979	8.225	4.213	6.979	11.655	8.101	6.979	6.202
0.13	5.927	6.517	7.676	3.924	6.517	10.914	7.507	6.517	5.844
0.14	5.538	6.117	7.192	3.677	6.117	10.253	6.992	6.117	5.526
0.15	5.193	5.761	6.768	3.459	5.761	9.677	6.541	5.761	5.245
0.16	4.899	5.448	6.386	3.264	5.448	9.151	6.135	5.448	4.999
0.17	4.627	5.169	6.046	3.091	5.169	8.685	5.782	5.169	4.761
0.18	4.388	4.883	5.742	2.937	4.883	8.268	5.465	4.883	4.554
0.19	4.174	4.685	5.460	2.795	4.685	7.893	5.172	4.685	4.364
0.20	3.979	4.472	5.205	2.667	4.472	7.538	4.914	4.472	4.188
0.21	3.798	4.283	4.965	2.549	4.283	7.231	4.672	4.283	4.023

续表

L_s	k			m_s^{max}/m_r^{max}			τ_0/τ_1		
	1	2	4	1	0.5	0.25	0.75	0.5	0.25
0.22	3.631	4.100	4.752	2.440	4.100	6.936	4.457	4.100	3.874
0.23	3.483	3.938	4.550	2.341	3.938	6.664	4.252	3.938	3.732
0.24	3.346	3.788	4.364	2.249	3.788	6.400	4.070	3.788	3.602
0.25	3.216	3.644	4.191	2.162	3.644	6.169	3.896	3.644	3.481
0.26	3.094	3.511	4.031	2.082	3.511	5.942	3.739	3.511	3.366
0.27	2.981	3.387	3.881	2.007	3.387	5.730	3.588	3.387	3.254
0.28	2.876	3.271	3.736	1.937	3.271	5.532	3.446	3.271	3.155
0.29	2.777	3.158	3.599	1.869	3.158	5.346	3.319	3.158	3.057
0.30	2.684	3.056	3.471	1.806	3.056	5.172	3.194	3.056	2.962
0.31	2.594	2.951	3.350	1.747	2.951	5.009	3.076	2.951	2.651
0.32	2.511	2.861	3.236	1.691	2.861	4.842	2.966	2.861	2.792
0.33	2.415	2.776	3.128	1.638	2.776	4.697	2.861	2.776	2.712
0.34	2.357	2.688	3.026	1.588	2.688	4.559	2.762	2.688	2.636
0.35	2.284	2.607	2.929	1.539	2.607	4.416	2.668	2.607	2.565
0.36	2.215	2.531	2.837	1.492	2.531	4.281	2.578	2.531	2.493
0.37	2.149	2.451	2.745	1.448	2.451	4.152	2.493	2.451	2.425
0.38	2.088	2.382	2.656	1.404	2.382	4.040	2.411	2.382	2.360
0.39	2.025	2.312	2.576	1.364	2.312	3.922	2.334	2.312	2.298
0.40	1.967	2.245	2.495	1.325	2.245	3.809	2.256	2.245	2.238
0.41	1.912	2.181	2.418	1.288	2.181	3.701	2.184	2.181	2.178
0.42	1.859	2.123	2.348	1.251	2.123	3.597	2.116	2.123	2.123
0.43	1.805	2.060	2.276	1.216	2.060	3.498	2.051	2.060	2.067
0.44	1.756	2.004	2.207	1.181	2.004	3.392	1.987	2.004	2.017
0.45	1.709	1.949	2.141	1.149	1.949	3.300	1.927	1.949	1.965
0.46	1.661	1.896	2.077	1.118	1.896	3.211	1.865	1.896	1.915
0.47	1.614	1.845	2.015	1.086	1.845	3.124	1.809	1.845	1.866
0.48	1.572	1.792	1.959	1.057	1.792	3.032	1.751	1.792	1.819
0.49	1.528	1.744	1.901	1.028	1.744	2.952	1.698	1.744	1.774
0.50	1.486	1.695	1.845	1.000	1.695	2.865	1.645	1.695	1.730

续表

L_s	k			m_s^{max}/m_r^{max}			τ_0/τ_1		
	1	2	4	1	0.5	0.25	0.75	0.5	0.25
0.51	1.445	1.650	1.791	0.973	1.650	2.790	1.595	1.650	1.684
0.52	1.405	1.603	1.738	0.946	1.603	2.708	1.545	1.603	1.643
0.53	1.366	1.558	1.687	0.920	1.558	2.636	1.498	1.558	1.603
0.54	1.329	1.517	1.637	0.894	1.517	2.559	1.451	1.517	1.560
0.55	1.292	1.476	1.588	0.870	1.476	2.491	1.407	1.476	1.522
0.56	1.256	1.435	1.541	0.846	1.435	2.418	1.362	1.435	1.485
0.57	1.221	1.394	1.492	0.823	1.394	2.346	1.318	1.394	1.445
0.58	1.185	1.354	1.448	0.800	1.354	2.284	1.278	1.354	1.407
0.59	1.150	1.315	1.404	0.777	1.315	2.222	1.236	1.315	1.372
0.60	1.117	1.276	1.361	0.755	1.276	2.155	1.195	1.276	1.335
0.61	1.083	1.239	1.319	0.733	1.239	2.089	1.156	1.239	1.299
0.62	1.052	1.204	1.278	0.712	1.204	2.025	1.119	1.204	1.266
0.63	1.019	1.166	1.238	0.691	1.166	1.962	1.081	1.166	1.231
0.64	0.989	1.133	1.199	0.671	1.133	1.906	1.044	1.133	1.199
0.65	0.958	1.098	1.160	0.650	1.098	1.845	1.008	1.098	1.165
0.66	0.927	1.064	1.122	0.630	1.064	1.786	0.973	1.064	1.131
0.67	0.897	1.030	1.085	0.611	1.030	1.727	0.938	1.030	1.100
0.68	0.867	0.997	1.050	0.592	0.997	1.669	0.904	0.997	1.068
0.69	0.839	0.964	1.012	0.572	0.964	1.612	0.870	0.964	1.037
0.70	0.810	0.932	0.978	0.553	0.932	1.561	0.838	0.932	1.005
0.71	0.780	0.900	0.943	0.535	0.900	1.506	0.805	0.900	0.974
0.72	0.752	0.868	0.909	0.517	0.868	1.451	0.774	0.868	0.944
0.73	0.724	0.839	0.874	0.498	0.839	1.397	0.742	0.839	0.913
0.74	0.697	0.806	0.841	0.480	0.806	1.344	0.712	0.806	0.884
0.75	0.670	0.774	0.809	0.463	0.774	1.291	0.682	0.774	0.855
0.76	0.641	0.745	0.776	0.445	0.745	1.239	0.652	0.745	0.824
0.77	0.615	0.715	0.745	0.427	0.715	1.187	0.623	0.715	0.795
0.78	0.587	0.685	0.712	0.409	0.685	1.135	0.594	0.685	0.766
0.79	0.561	0.655	0.680	0.392	0.655	1.084	0.564	0.655	0.737

续表

L_s	k			m_s^{max}/m_r^{max}			τ_0/τ_1		
	1	2	4	1	0.5	0.25	0.75	0.5	0.25
0.80	0.534	0.624	0.651	0.375	0.624	1.034	0.536	0.624	0.708
0.81	0.507	0.596	0.619	0.358	0.596	0.984	0.508	0.596	0.678
0.82	0.481	0.567	0.589	0.341	0.567	0.934	0.481	0.567	0.649
0.83	0.455	0.537	0.557	0.324	0.537	0.884	0.453	0.537	0.621
0.84	0.429	0.508	0.528	0.306	0.508	0.834	0.426	0.508	0.591
0.85	0.403	0.479	0.498	0.289	0.479	0.785	0.398	0.479	0.562
0.86	0.377	0.449	0.468	0.272	0.449	0.736	0.372	0.449	0.531
0.87	0.350	0.420	0.438	0.254	0.420	0.687	0.345	0.420	0.501
0.88	0.325	0.391	0.409	0.237	0.391	0.637	0.319	0.391	0.472
0.89	0.299	0.360	0.379	0.220	0.360	0.586	0.293	0.360	0.441
0.90	0.273	0.331	0.349	0.202	0.331	0.537	0.267	0.331	0.411
0.91	0.248	0.301	0.319	0.185	0.301	0.488	0.241	0.301	0.379
0.92	0.222	0.271	0.289	0.167	0.271	0.439	0.216	0.271	0.347
0.93	0.196	0.241	0.259	0.149	0.241	0.388	0.191	0.241	0.314
0.94	0.171	0.210	0.228	0.130	0.210	0.339	0.165	0.210	0.280
0.95	0.145	0.180	0.197	0.111	0.180	0.288	0.140	0.180	0.245
0.96	0.120	0.149	0.165	0.092	0.149	0.237	0.115	0.149	0.208
0.97	0.094	0.117	0.133	0.073	0.117	0.187	0.091	0.117	0.169
0.98	0.068	0.086	0.099	0.054	0.086	NA	0.066	0.086	0.128
0.99	0.043	0.054	0.063	0.034	0.054	NA	0.041	0.054	0.083

注：附表一中，当城市 r 的净收入为负时，对应的居民相对净收入数值用"NA"来代替。

附录3 1998~2007年分行业中心和外围核密度估计图

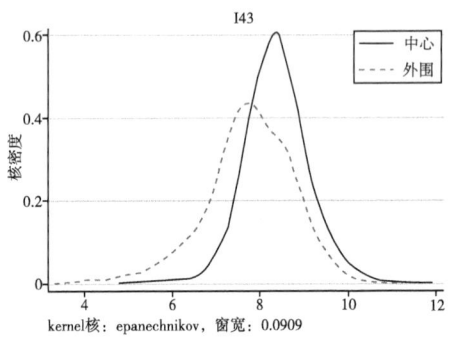

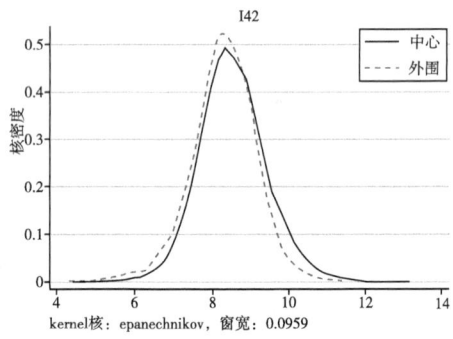

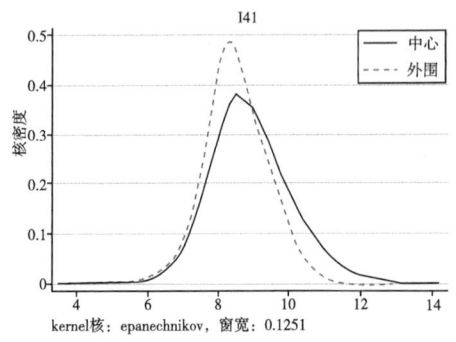

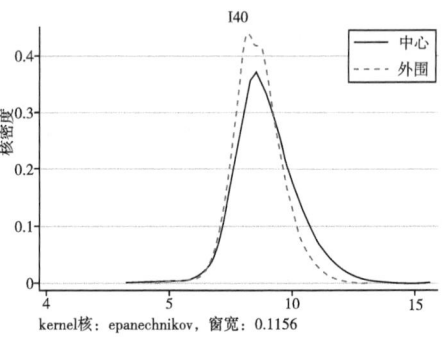

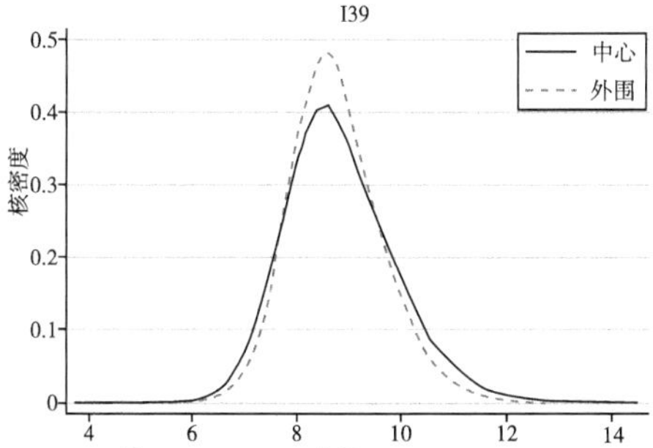

附录3　1998~2007年分行业中心和外围核密度估计图

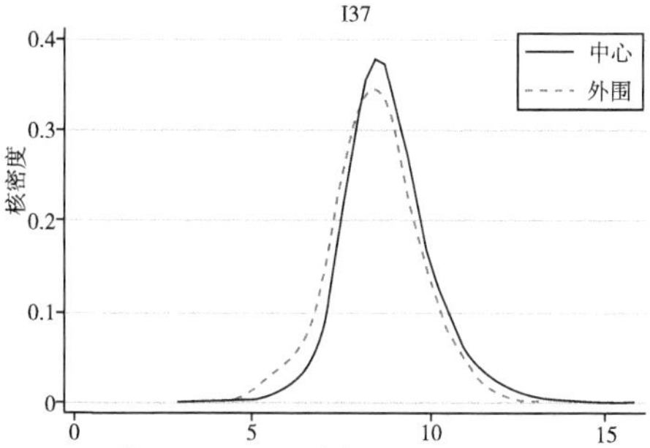

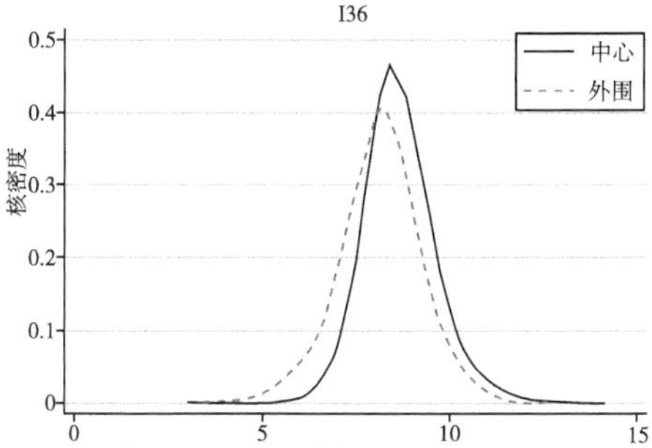

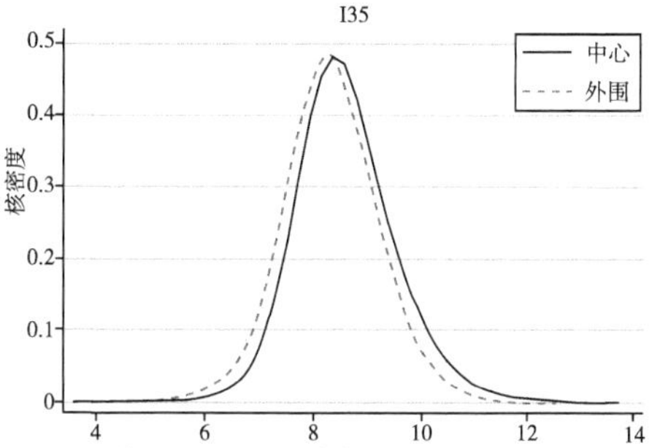

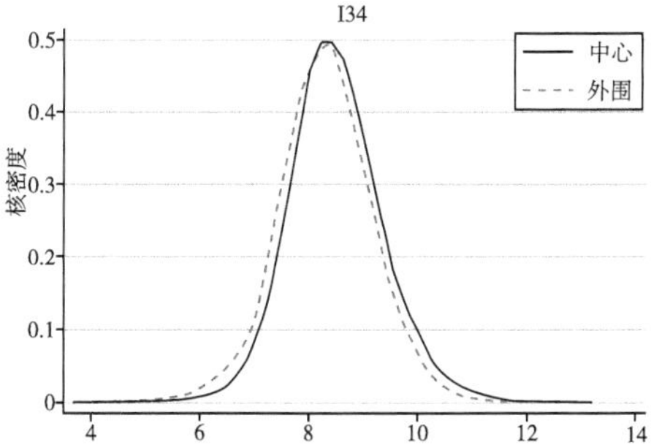

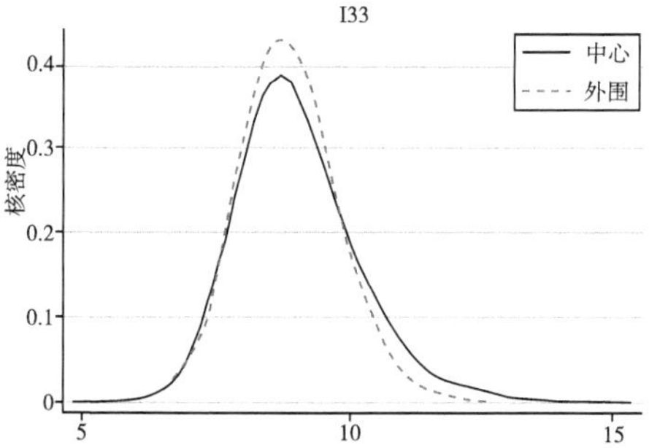

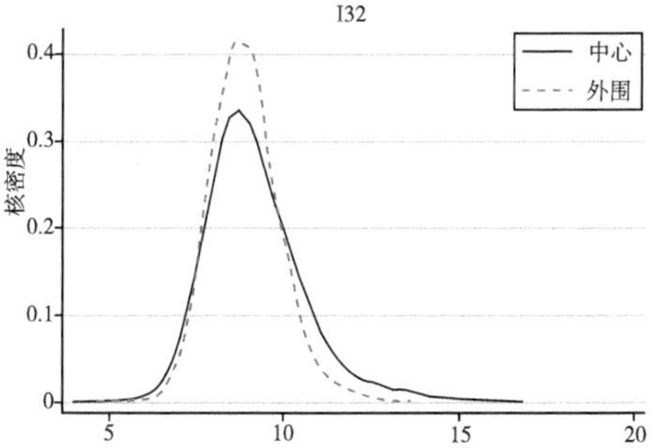

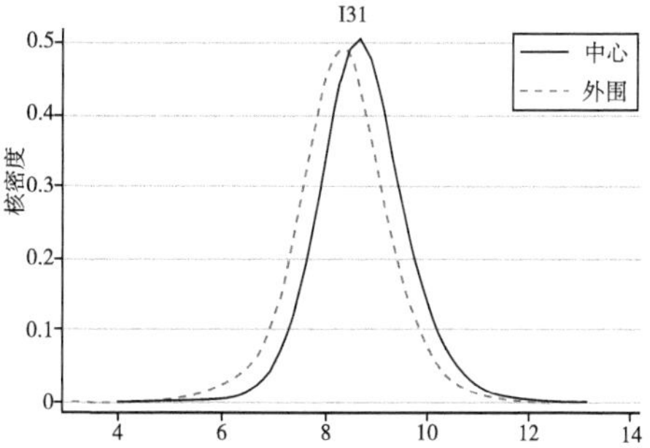

I30
中心
外围
核密度
kernel核：epanechnikov，窗宽：0.0803
I29
中心
外围
核密度
kernel核：epanechnikov，窗宽：0.1221
I28
中心
外围
核密度
kernel核：epanechnikov，窗宽：0.1747
I27
中心
外围
核密度
kernel核：epanechnikov，窗宽：0.1270
I26
中心
外围
核密度
kernel核：epanechnikov，窗宽：0.0847
I25
中心
外围
核密度
kernel核：epanechnikov，窗宽：0.2303
I24
中心
外围
核密度
kernel核：epanechnikov，窗宽：0.1023
I23
中心
外围
核密度
kernel核：epanechnikov，窗宽：0.1206

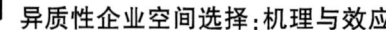

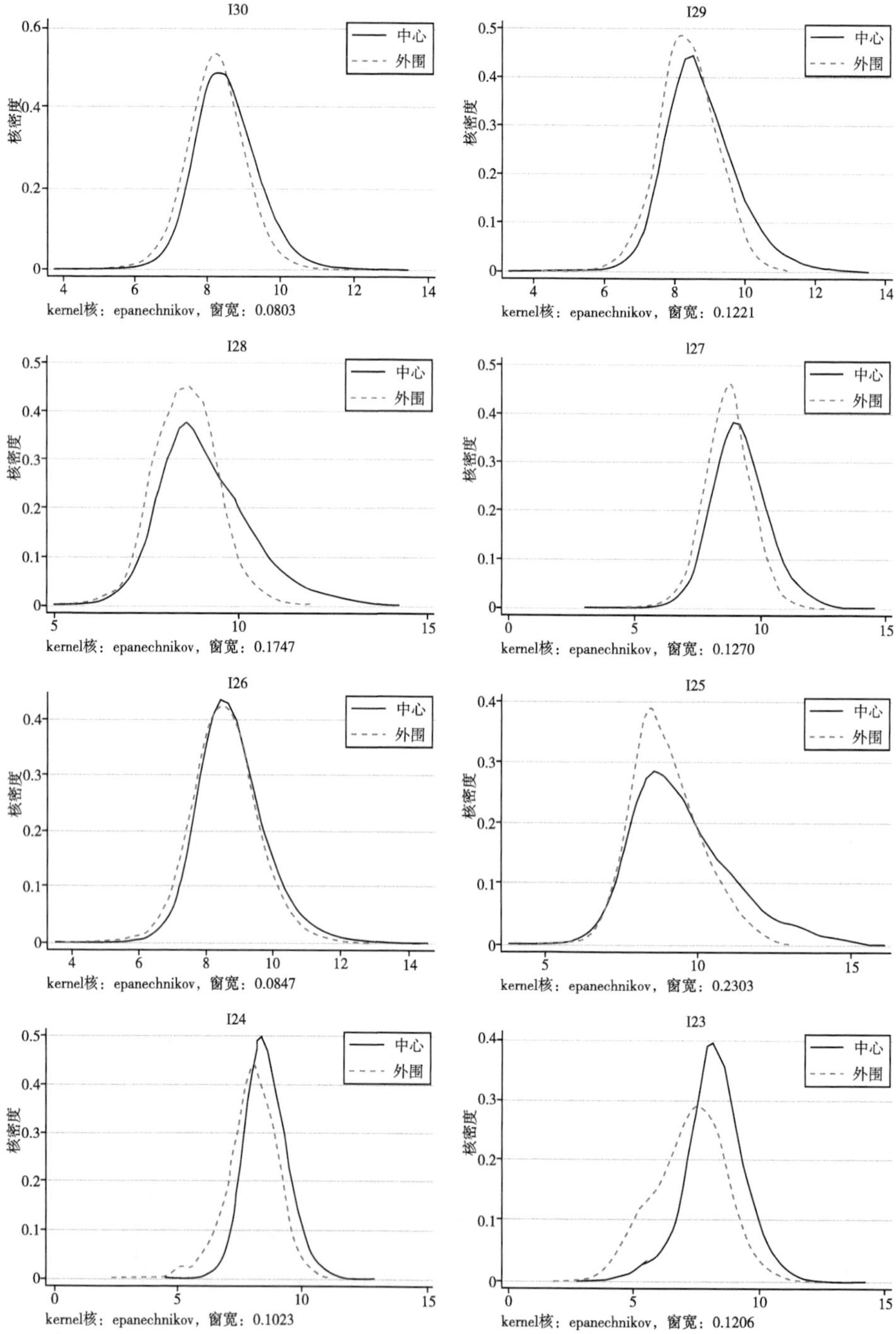

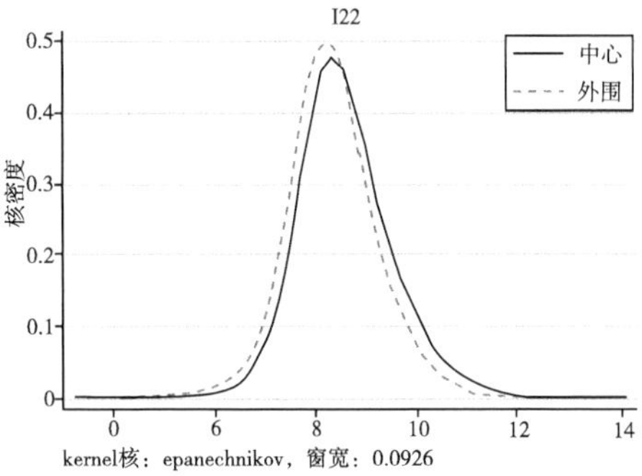
I22
中心
外围
核密度
kernel核：epanechnikov，窗宽：0.0926

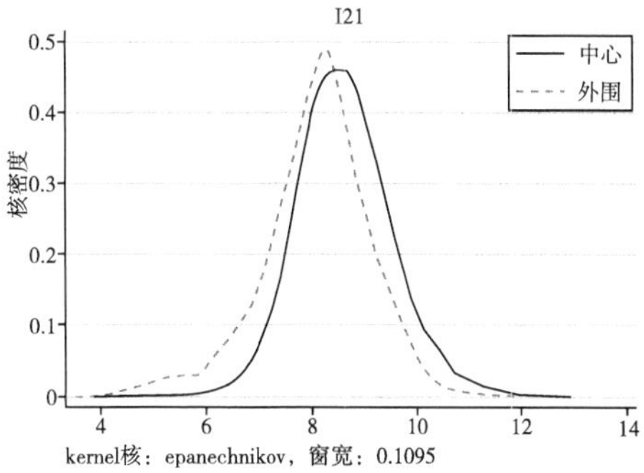
I21
中心
外围
核密度
kernel核：epanechnikov，窗宽：0.1095

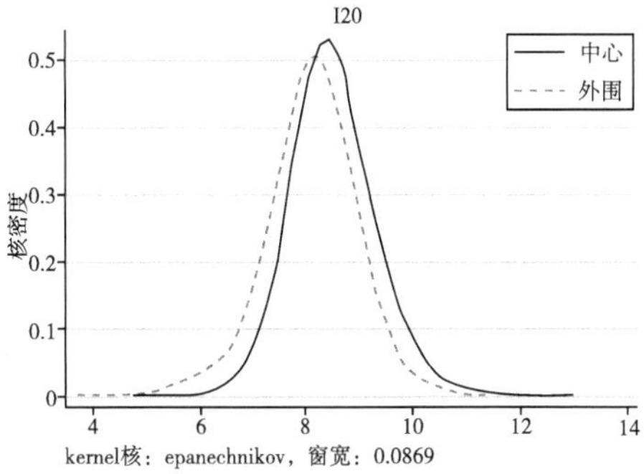
I20
中心
外围
核密度
kernel核：epanechnikov，窗宽：0.0869

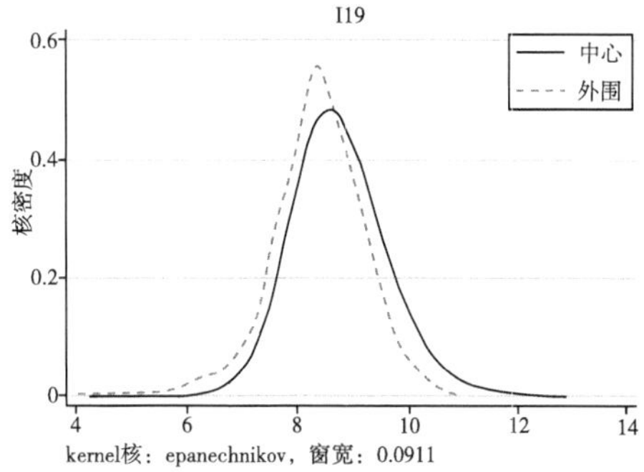
I19
中心
外围
核密度
kernel核：epanechnikov，窗宽：0.0911

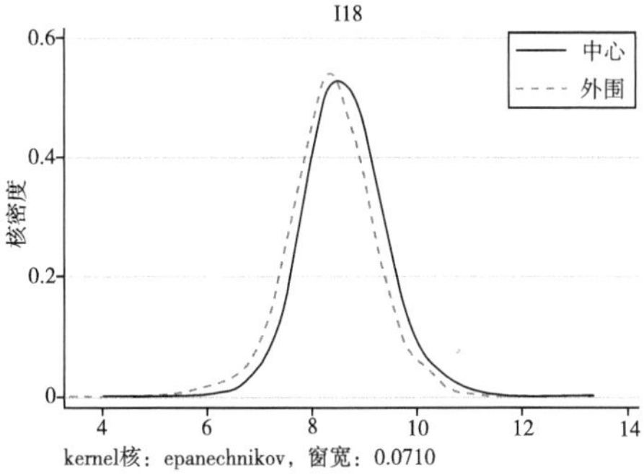
I18
中心
外围
核密度
kernel核：epanechnikov，窗宽：0.0710

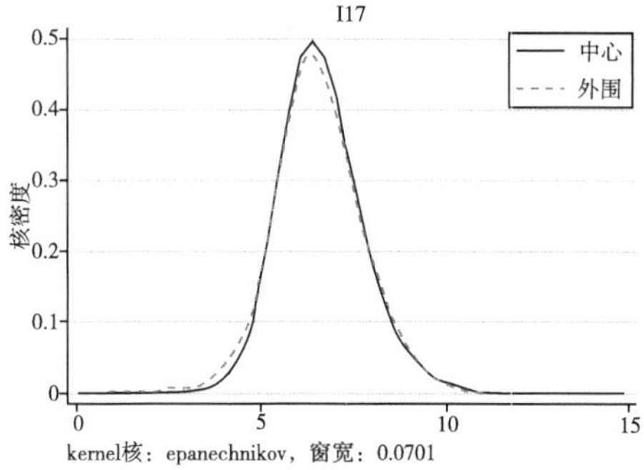
I17
中心
外围
核密度
kernel核：epanechnikov，窗宽：0.0701

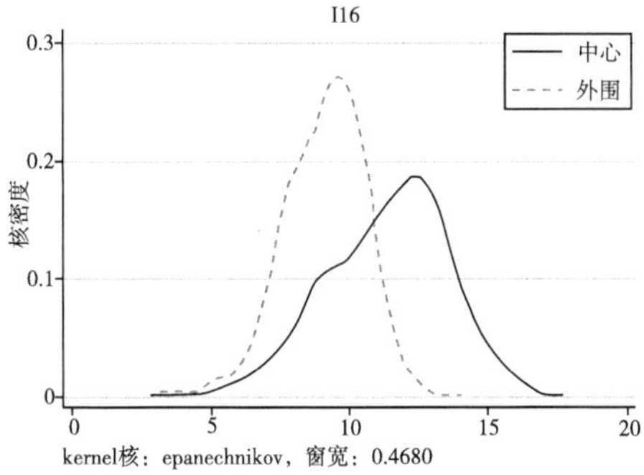
I16
中心
外围
核密度
kernel核：epanechnikov，窗宽：0.4680

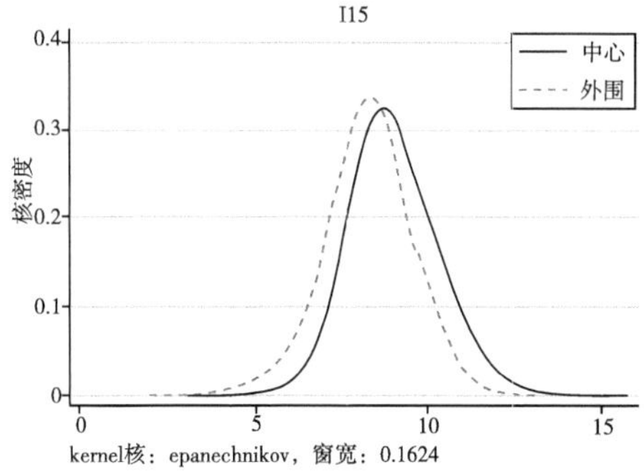
I15
中心
外围
核密度
kernel核：epanechnikov，窗宽：0.1624

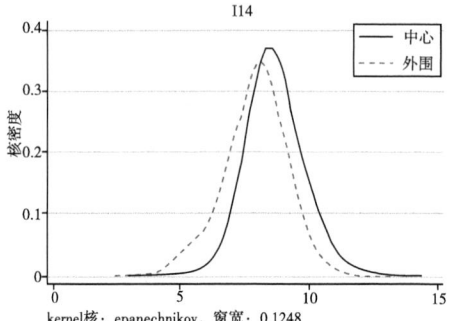
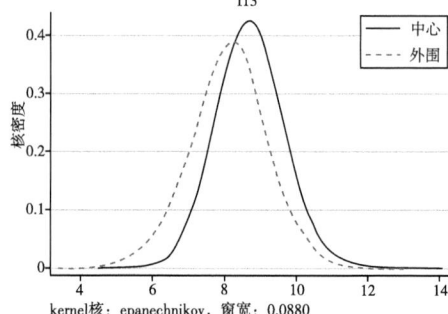

参考文献

[1] Fujita, M.、P. Krugman 和 A. J. Venables：《空间经济学——城市、区域与国际贸易》，梁琦主译，北京：中国人民大学出版社，2005 年版。

[2] 阿尔弗雷德·韦伯（Alfred Weber）：《工业区位论》，李刚剑等译，北京：商务印书馆，1997 年版。

[3] 安虎森：《空间经济学教程》，北京：经济科学出版社，2006 年版。

[4] 白重恩等：《地方保护主义及产业地区集中度的决定因素和变动趋势》，《经济研究》，2004 年第 4 期。

[5] 包群、彭水军：《经济增长与环境污染：基于面板数据的联立方程估计》，《世界经济》，2006 年第 11 期。

[6] 保建云：《企业区位理论古典分析框架的改进与扩展——艾萨尔德的理论研究述评》，《经济评论》，2003 年第 1 期。

[7] 贝蒂尔·奥林（Bertil Ohlin）著：《区际贸易与国际贸易》，逯宇铎等译，北京：华夏出版社，2013 年版。

[8] 陈建军、袁凯、陈国亮：《基于企业异质性的产业空间分布演化新动力》，《财贸研究》，2013 年第 4 期。

[9] 陈建军、袁凯、陈国亮：《选择效应：异质性视角下的企业区位决策》，《江淮论坛》，2013 年第 4 期。

[10] 陈秀山、徐瑛：《中国制造业空间结构变动及其对区域分工的影响》，《经济研究》，2008 年第 10 期。

[11] 陈秀山、张可云：《区域经济理论》，北京：商务印书馆，2003 年版。

[12] 陈耀、冯超：《贸易成本、本地关联与产业集群迁移》，《中国工业经济》，2008年第3期。

[13] 丁金宏、刘振宇、程丹明、刘瑾、邹建平：《中国人口迁移的区域差异与流场特征》，《地理学报》，2005年第60卷第1期。

[14] 樊纲等：《中国市场化指数（1997~2007）》，北京：经济科学出版社，2009年版。

[15] 樊杰等：《工业企业区位与城镇体系布局的空间耦合分析——洛阳市大型工业企业区位选择因素的案例剖析》，《地理学报》，2009年第2期。

[16] 范剑勇：《市场一体化、地区专业化与产业集聚趋势兼谈对地区差距的影响》，《中国社会科学》，2004年第6期。

[17] 高波、陈健、邹琳华：《区域房价差异、劳动力流动与产业升级》，《经济研究》，2012年第1期。

[18] 高进田：《聚集经济与区域经济发展》，《经济问题探索》，2007年第8期。

[19] 辜胜阻、刘江日：《城镇化要从"要素驱动"走向"创新驱动"》，《人口研究》，2012年第12期。

[20] 郝寿义等：《企业区位选择与空间集聚的博弈分析》，《南开经济研究》，2011年第3期。

[21] 郝寿义、倪方树、林坦、方兴：《企业区位选择与空间集聚的博弈分析》，《南开经济研究》，2011年第3期。

[22] 何雄浪、杨继瑞、郑长德：《企业异质性、规模报酬与劳动力空间流动——基于新新经济地理学的理论研究》，《财经研究》，2012年第5期。

[23] 贺灿飞：《公司总部地理集聚及其空间演变》，《中国软科学》，2007年第3期。

[24] 黄玖立、冼国明：《企业异质性与区域间贸易：中国企业市场进入的微观证据》，《世界经济》，2012年第4期。

[25] 黄肖琦、柴敏：《新经济地理学视角下的FDI区位选择——基于中国省际面板数据的实证分析》，《管理世界》，2006年第10期。

[26] 蒋冠宏、蒋殿春：《中国对外投资的区位选择：基于投资引力模型的面板数据检验》，《世界经济》，2012年第9期。

[27] 金丽国：《聚集经济的微观基础——一个区位选择的分析框架》，《数量经济技术经济研究》，2006年第4期。

[28] 金煜、陈钊、陆铭：《中国的地区工业集聚：经济地理、新经济地理与经济政策》，《经济研究》，2006年第4期。

[29] 李国平等：《经济地理学（第2版）》，北京：高等教育出版社，2006年版。

[30] 李金滟、宋德勇：《专业化、多样化与城市集聚经济——基于中国地级单位面板数据的实证研究》，《管理世界》，2008年第2期。

[31] 李小建：《公司地理论》，北京：科学出版社，2002年版。

[32] 李小平、朱钟棣：《国际贸易、R&D溢出和生产率增长》，《经济研究》，2006年第2期。

[33] 梁琦：《跨国公司海外投资与产业集聚》，《世界经济》，2003年第10期。

[34] 梁琦：《产业集聚的均衡性和稳定性》，《世界经济》，2004年第6期。

[35] 梁琦：《产业集聚论》，北京：商务印书馆，2004年版。

[36] 梁琦：《空间经济学：过去、现在与未来——兼评〈空间经济学：城市、区域与国际贸易〉》，《经济学（季刊）》，2005年第4卷第4期。

[37] 梁琦：《论资源空间配置观》，《广东社会科学》，2007年第3期。

[38] 梁琦：《分工、集聚与增长》，北京：商务印书馆，2009年版。

[39] 梁琦：《关于空间经济研究的若干认识》，《广东社会科学》，2010年第4期。

[40] 梁琦、丁树、王如玉、陈强远：《环境规制下南北投资份额、消费份额与污染总量分析》，《世界经济》，2011年第8期。

[41] 梁琦、丁树、王如玉：《总部集聚与工厂选址》，《经济学（季刊）》，2012年第3期。

[42] 梁琦、黄卓:《空间经济学在中国》,《经济学(季刊)》,2012年第11卷第3期。

[43] 梁琦、李晓萍、简泽:《异质性企业的空间选择与地区生产率差距研究》,《统计研究》,2013年第6期。

[44] 梁琦、陈强远、王如玉:《户籍改革、劳动力流动与城市层级体系优化》,《中国社会科学》,2013年第12期。

[45] 刘秉镰、杜传忠:《区域产业经济概论》,北京:经济科学出版社,2010年版。

[46] 刘红光、刘卫东、刘志高:《区域间产业转移定量测度研究——基于区域间投入产出表分析》,《中国工业经济》,2011年第9期。

[47] 刘庆林等:《市场关联效应与跨国企业选址——基于中国数据的检验》,《财贸经济》,2011年第11期。

[48] 刘修岩、张学良:《集聚经济与企业区位选择——基于中国地级区域企业数据的实证研究》,《财经研究》,2010年第11期。

[49] 刘修岩、殷醒民、贺小梅:《市场潜能与制造业空间集聚——基于中国地级城市面板数据的经验研究》,《世界经济》,2007年第11期。

[50] 鲁晓东、连玉君:《中国工业企业全要素生产率估计:1999~2007》,《经济学(季刊)》,2012年第11卷第2期。

[51] 陆铭、陈钊:《分割市场的经济增长——为什么经济开放可能加剧地方保护》,《经济研究》,2009年第3期。

[52] 陆益龙:《户口还起作用吗——户籍制度与社会分层和流动》,《中国社会科学》,2008年第1期。

[53] 路江涌、陶志刚:《我国制造业区域集聚程度决定因素的研究》,《经济学(季刊)》,2007年第3期。

[54] 马凯:《转变城镇化发展方式提高城镇化发展质量,走出一条中国特色城镇化道路》,《国家行政学院学报》,2012年第5期。

[55] 苗长虹:《新经济地理学》,北京:科学出版社,2011年版。

[56] 宁越敏等:《企业空间组织与城市——区域发展》,北京:科学出版

社，2011年版。

[57] 潘镇：《外商直接投资的区位选择：一般性、异质性和有效性——对江苏省3570家外资企业的实证研究》，《中国软科学》，2005年第7期。

[58] 钱学锋、梁琦：《测度中国与G-7的双边贸易成本——一个改进引力模型方法的应用》，《数量经济技术经济研究》，2008年第2期。

[59] 秦待见：《走中国特色城镇化道路要充分发挥小城镇的作用》，《中国特色社会主义研究》，2008年第3期。

[60] 茹玉骢、金祥荣、张利风：《合约实施效率、外资产业特征及其区位选择》，《管理世界》，2010年第8期。

[61] 沈凌、田国强：《贫富差别、城市化与经济增长——一个基于需求因素的经济学分析》，《经济研究》，2009年第1期。

[62] 沈体雁、劳昕：《国外城市规模分布研究进展及理论前瞻——基于齐普夫定律的分析》，《世界经济文汇》，2012年第5期。

[63] 孙久文：《区域经济学》，北京：首都经济贸易大学出版社，2007年版。

[64] 孙三百、黄薇、洪俊杰：《劳动力自由迁移为何如此重要？——基于代际收入流动的视角》，《经济研究》，2012年第5期。

[65] 王方方、赵永亮：《企业异质性与对外直接投资区位选择——基于广东省企业层面数据的考察》，《世界经济研究》，2012年第2期。

[66] 王小鲁：《中国城市化路径与城市规模的经济学分析》，《经济研究》，2010年第10期。

[67] 王铮：《理论经济地理学》，北京：科学出版社，2002年版。

[68] 魏后凯：《区域经济的微观透析：企业迁移的视角》，北京：经济管理出版社，2010年版。

[69] 魏玮、毕超：《区际产业转移中。企业区位决策实证分析——以食品制造业为例》，《产业经济研究》，2010年第2期。

[70] 沃尔特·克里斯塔勒（Walter Christaller）著：《德国南部中心地原理》，常正文等译，北京：商务印书馆，1998年版。

[71] 吴三忙、李善同：《市场一体化、产业地理集聚与地区专业分工演变——基于中国两位编码制造业数据的实证分析》，《产业经济研究》，2010年第6期。

[72] 吴玉鸣：《外商直接投资与环境规制关联机制的面板数据分析》，《经济地理》，2007年第27卷第1期。

[73] 滕田昌久、克鲁格曼：《空间经济学：城市、区域与国际贸易》，梁琦主译，中国人民大学出版社，2005年版。

[74] 肖金成：《中国特色城镇化道路与农民工问题》，《发展研究》，2009年第5期。

[75] 邢春冰、贾淑艳、李实：《教育回报率的地区差异及其对劳动力流动的影响》，《经济研究》，2013年第11期。

[76] 徐康宁、陈健：《跨国公司价值链的区位选择及其决定因素》，《经济研究》，2008年第3期。

[77] 许学强、周一星、宁越敏：《城市地理学》，北京：高等教育出版社，2009年版。

[78] 叶素云、叶振宇：《中国工业企业的区位选择：市场潜力、资源禀赋与税负水平》，《南开经济研究》，2012年第5期。

[79] 余珮、陈继勇：《新经济地理学框架下跨国公司在中国分层区位选择研究》，《世界经济》，2012年第11期。

[80] 余珮、孙永平：《集聚效应对跨国公司在华区位选择的影响》，《经济研究》，2011年第1期。

[81] 余向华、陈雪娟：《中国劳动力市场的户籍分割效应及其变迁——工资差异与机会差异双重视角下的实证研究》，《经济研究》，2012年第12期。

[82] 约翰.奈特、邓曲恒、李实：《中国的民工荒与农村剩余劳动力》，《管理世界》，2011年第11期。

[83] 约翰·冯·杜能（Johann Heinrich von Thunen）著：《孤立国同农业和国民经济的关系》，吴衡康译，北京：商务印书馆，1986年版。

[84] 张敦富：《城市经济学原理》，北京：中国轻工业出版社，2011年版。

[85] 张军、周黎安：《为增长而竞争：中国增长的政治经济》，上海：上海人民出版社，2008年版。

[86] 张俊妮、陈玉宇：《产业集聚、所有制结构与外商投资企业的区位选择》，《经济学（季刊）》，2006年第3期。

[87] 张文武、梁琦：《劳动地理集中、产业空间与地区收入差距》，《经济学（季刊)》，2011年第10卷第2期。

[88] 张文忠：《经济区位论》，北京：科学出版社，2000年版。

[89] 赵伟、李芬：《异质性劳动力流动与区域收入差距：新经济地理学模型的扩展分析》，《中国人口科学》，2007年第1期。

[90] 赵伟、张萃：《FDI与中国制造业区域集聚：基于20个行业的实证分析》，《经济研究》，2007年第2期。

[91] 赵作权：《中国经济核心——边缘格局与空间优化发展》，《管理世界》，2012年第10期。

[92] 郑鑫、陈耀：《运输费用、需求分布与产业转移——基于区位论的模型分析》，《中国工业经济》，2012年第2期。

[93] 朱选功：《城市化与小城镇建设的利弊分析》，《理论导刊》，2000年第4期。

[94] 朱英明：《产业集聚论》，北京：经济科学出版社，2003年版。

[95] Albouy, D., "Are Big Cities Really Bad Places to Live? Improving Quality-of-life Estimates across Cities", NBER Working Paper, No. 14472, 2008.

[96] Albouy, D., F. Leibovici and C. Warman, "Quality of Life, Firm Productivity, and the Value of Amenities across Canadian Cities", Canadian Journal of Economic, vol. 46, no. 2, 2013, pp. 379-411.

[97] Almazan, A., de Motta, Adolfo and Sheridan, T., "Firm Location and the Creation and Utilization of Human Vapital", Review of Economic and Studies, vol. 74, no. 4, 2007, pp. 1305-1327.

[98] Amil Petrin, Brian P. Poi, and James Levinsohn, "Production Function Estimation in Stata Using Inputs to Control for Unobservables", The Stata Journal,

vol. 4, 2004.

[99] Amiti, M. and Javorcik, B. S., "Trade Costs and Location of Foreign Firm in China", Journal of Development Economic, vol. 85, no. 1-2, 2008, pp. 129-149.

[100] Anderson, F., S. Burges and Lane, J. I., "Cities, Matching and Productivity Gains of Agglomeration", Journal of Urban Economics, vol. 61, 2007, pp. 112-128.

[101] Anderson, G. and Y. Ge, "The Size Distribution of Chinese Cities," Regional Science and Urban Economics, vol. 35, no. 6, 2005, pp. 756-776.

[102] Andrew, B. and Bernard, J. B. J. S., "The Empirics of Firm Heterogeneity and International Trade", CEP Discussion Paper, no. 1084, 2011.

[103] Arkolakis, C., Marc-Andreas and Muendler, "The Extensive Margin of Exporting Products: A Firm-Level Analysis", NBER Working Paper, 16641, 2010.

[104] Arkolakis, C., "Market Penetration Costs and the New Consumers Margin in International Trade", Journal of Political Economy, vol. 118, no. 6, 2010, pp. 1151-1199.

[105] Arkolakis, C., Costinot, A., Andrés, R. C., "New Trade Models, Same Old Gains?" American Economic Review, vol. 102, no. 2, 2012, pp. 94-130.

[106] Arkolakis, C., Demidova, A. S., Klenow, P. J., Andrés, R. C., "Endogenous Variety and the Gains from Trade", American Economic Review, vol. 98, no. 2, 2008, pp. 444-450.

[107] Arsène, RIEBER and TRAN Thi Anh-Dao, "Globalization, North-South Industrial Location and Environmental Competition", DEPOCEN Working Paper, 2008.

[108] Asplund, A. and Nocke, V., "Firm Turnover in Imperfectly Competitive Markets", Review of Economic Studies, vol. 73, no. 2, 2008, pp. 295-327.

[109] Au, C. C. and Henderson, J. V., "Are Chinese Cities too small?" Review of Economic Studies, vol. 73, no. 3, 2006a, pp. 549-576;

[110] Au, C. C. and Henderson, J. V., "How Migration Restrictions Limit

Agglomeration and Productivity in China", Journal of Development Economics, vol. 80, no. 2, 2006b, pp. 350-388.

[111] Bacolod, M., B. S. Blum and W. C. Strange, "Skills in the City," Journal of Urban Economics, vol. 65, no. 2, 2009, pp. 136-153.

[112] Bacolod, M., B. S. Blum and W. C. Strange, "Elements of Skill: Traits, Intelligences, Education, and Agglomeration", Journal of Regional Science, vol. 50, no. 1, 2010, pp. 245-280.

[113] Baldwin, R. and Okubo, T., "Heterogeneous Firms, Agglomeration and Economic Geography: Spatial Selection and Sorting", Journal of Economic Geography, vol. 6, no. 3, 2006, pp. 323-346.

[114] Baldwin, R. and Okubo, T., "International Trade, Offshoring and Heterogeneous Firms", NBER Working Paper no. 16660, 2011.

[115] Baldwin, R. and Okubo, T., "Tax Reform, Delocation, and Heterogeneous Firms, the Scandinavian Journal of Economics", vol. 111, no. 4, 2009, pp. 741-764.

[116] Baldwin, R., R., Forslid, P., Martin, G. Ottaviano and F. Robert-Nicoud, "Economic Geography and Public Policy", Princeton: Princeton University Press, 2003.

[117] Baldwin, R. E. and Harrigan, J., Zeros, "Quality and Space: Trade Theory and Evidence", American Economic Journal: Microeconomic, vol. 3, no. 2, 2011, pp. 60-88.

[118] Barlet, M., A. Briant, L. Crusson, "Location Patterns of Service Industries in France: A Distance-Based Approach", Regional Science and Urban Economics, vol. 43, no. 2, 2013, pp. 338-351.

[119] Barlett, B, "The High Cost of Turning Green", Wall Street Journal, vol. 14, no. 18, 1994.

[120] Baum-Snow, N. and Pavan, R., "Inequality and City Size", Processed, Brown University, 2010.

[121] Baum-Snow, N. and R. Pavan, "Understanding the City Size Wage Gap", Review of Economic Studies, vol. 79, no. 1, 2012, pp. 88-127.

[122] Baum-Snow, N., Brandt, L., Henderson, J., Turner, M. and Zhang, Q., "Roads, Railroads and Decentralization of Chinese Cities", 2014, Brown University, mimeo.

[123] Beckerman, W., "Economic Growth and the Environment: Whose Growth? whose Environment?" World Development, vol. 20, 1992, pp. 481-496.

[124] Behrens, K., Duranton G. and F. Robert-Nicoud, "Productive Cities: Sorting, Selection and Agglomeration", CEPR Discussion Paper no. 7922, 2010.

[125] Behrens, K. and F. R., "Krugman's Papers in Regional Science: The 100 Dollar Bill on the Sidewalk is Gone and the 2008 Nobel Prize Well-deserved", Papers in Regional Science, vol. 80. no. 2, 2009, pp. 467-489.

[126] Behrens, K. and Y. Murata, "General Equilibrium Models of Monopolistic Competition: A New Approach", Journal of Economic Theory, vol. 136, no. 1, 2007, pp. 776-787.

[127] Behrens, K. and F. Robert-Nicoud, "Survival of the Fittest in Cities: Agglomeration, Selection and Polarization", CIRPÉE Discussion Paper no. 09-19, 2009.

[128] Behrens, K. and J. T., "Regional economics: A New Economic Geography Perspective", Regional Science and Urban Economics, vol. 37, no. 4, 2007, pp. 457-465.

[129] Behrens, K. and Murata, Y., "Gains from Trade and Efficiency under Monopolistic Competition: A Variable Elasticity Case", CORE Discussion Paper, no. 49, 2006.

[130] Behrens, K. and Picard, P. M., "Transportation, Freight Rates, and Economic Geography, Journal of International Economics", vol. 85, no. 2, 2011, pp. 280-291.

[131] Behrens, K. and Sato, Y., "Brain Drain" without Migration: Capital

Market Integration and Capital – Skill Complementarities, Economics Bulletin, vol. 18, no. 1, 2006, pp. 1–9.

[132] Behrens, K. and Sato, Y., "Labor Market Integration and Migration: Impacts on Skill Formation and the Wage Structure", CORE Discussion Paper 2006/01, 2006.

[133] Behrens, K. and Y. Murata, "General Equilibrium Models of Monopolistic Competition: A New Approach," Journal of Economic Theory, vol. 136, no. 1, 2007, pp. 776–787.

[134] Behrens, K., Duranton, G. and Robert – Nicoud, F., "Productive Cities: Sorting, Selection and Agglomeration", CEPR Discussion Paper, no. 7922, 2010.

[135] Behrens, K., G., Mion, Murata, Y. and Jens Südekum, "Spatial Frictions", CEP Discussion Paper, No. 1108, 2011.

[136] Behrens, K., Gaigné, C., Ottaviano, G. I. P. and Thisse, J. F., "How Density Economics in International Transportation Link the Internal Geography of Trading Partners", Journal of Urban Economics, vol. 60, no. 2, 2006, pp. 248–263.

[137] Behrens, K., Hamilton, J. H., Ottaviano, G. I. P. and Thise, J. -F., "Commodity Tax Harmonization and the Location of Industry", Journal of International Economics, vol. 72, no. 2, 2007, pp. 271–291.

[138] Bergstrand, J. H., Egger, P., and Larch, M., "Gravity Redux: Estimation of Gravity-Equation Coefficients, Elasticities of Substitution, and General Equilibrium Comparative Statics under Asymmetric Bilateral Trade Costs", Journal of International Economics, vol. 89, no. 1, 2013, pp. 110–121.

[139] Berliant, M. and Kung, F. C., "Bifurcations in Regional Migration Dynamics", MPRA Paper, no. 13053, 2009.

[140] Bernard, A., Redding, S., Schott, P. K. and Simpson, H., "Relative Wage Variation and Industry Location in the United Kingdom", Oxford Bulletin of Economics and Statistics, vol. 70, no. 4, 2008, pp. 431–459.

[141] Bernard, A. B., S. J., Redding and P. K., Schott, "Comparative Advantage and Heterogeneous Firms", Review of Economic Studies, vol. 74, no. 1, 2007, pp. 31-66.

[142] Bernard, Andrew B., J. Bradford Jensen and Peter K. Schott "Importers, Exporters, and Multinationals: A Portrait of Firms in the U.S. that Trade Goods", in Producer dynamics: New Evidence from Micro Data, (Eds) T Dunne, JB Jensen and MJ Roberts, Chicago: University of Chicago Press, 2009.

[143] Bernard, B. A. and Jensen, B. J. and Redding, J. S. and Schott, K. P., "Intra-Firm Trade and Product Contractibility", CEP Discussion Paper no. 978, 2010.

[144] Bernini, C. and Pellegrini G., "How are Growth and Productivity in Private Firm Affected by Public Subsidy? Evidence from a Regional Policy", Regional Science and Urban Economics, vol. 41, no. 3, 2011, pp. 253-265.

[145] Berry, C. and Glaeser, E. L., "The Divergence of Human Capital Levels across Cities", Papers in Regional Science, vol. 84, no. 3, 2005, pp. 407-444.

[146] Berry, S. and Waldfogel, J., "Product Quality and Market Size", The Journal of Industrial Economics, vol. 58, no. 1, 2010, pp. 1-31.

[147] Bertoletti, P. and P., Epifani, "Monopolistic Competition: CES Redux?" DEM Working Papers Series 004, 2012.

[148] Bhagawati, J., "The Case for Free Trade", Scientific American, 1993, pp. 42-49.

[149] Bleakley, Hoyt, Lin, Jeffrey, "Thick-market Effects and Churning in the Labor Market: Evidence from US Cities", Journal of Urban Economics, 2012, vol. 72, no. 2-3, pp. 87-103.

[150] Borjas, G., "Self Selection and the Earnings of Immigrants", American Economic Review, vol. 77, no. 4, 1987, pp. 531-553.

[151] Bosker, M., S. Brakman, H. Garretsen, and M. Schramm, "Relaxing

Hukou: Increased Labor Mobility and China's Economic Geography," Journal of Urban Economics, vol. 72, no. 2-2, 2012, pp. 252-266.

[152] Boustan, L. P., "Local Public Goods and the Demand for High-income Municipalities", Journal of Urban Economics, vol. 76, 2013, pp. 71-82.

[153] Brakman, S. and Van Marrewijk, C., "Introduction: Heterogeneity at Different Spatial Scales", Journal of Regional Science, vol. 49, 2009, pp. 607-615.

[154] Brakman, S., H. Garretsen, C. Van Marrewijk and van den Berg, "The Return of Zipf: Towards a Further Understanding of the Rank-size Distribution," Journal of Regional Science, vol. 39, no. 1, 1999, pp. 183-213.

[155] Breinlich, H. and G. I. P. O., "Regional Growth and Regional Decline", CEP Discussion Paper, no. 1232, 2013.

[156] Brülhart, M., "The Fading Attraction of Central Regions: An Empirical Note on Core-Periphery Gradients in Western Europe," Spatial Economic Analysis, vol. 1, no. 1, 2006, pp. 227-235.

[157] Cabral, M. B. and Meta, J., "On the Evolution of the Firm Size Distribution: Facts and Theory", American Economic Review, vol. 93, no. 4, 2003, pp. 1075-1090.

[158] Chan, K. W. and W. Buckingham, "Is China Abolishing the Hukou System," The China Quarterly, vol. 195, 2008, pp. 582-606;

[159] Chan, K. W., "The Chinese Hukou System at 50", Eurasian Geography and Economics, vol. 50, no. 2, 2009, pp. 197-221.

[160] Charlot, S. and Duranton, G., "Communication Externalities in Cities," Journal of Urban Economics, vol. 56, no. 3, 2004, pp. 581-613.

[161] Chen, M. X. and Morre, M. O., "Location Decision of Heterogeneous Multinational Firms", Journal of International Economics, vol. 80, no. 2, 2010, pp. 188-199.

[162] Combes, P. P. and G. Duranton, "Labor Pooling, Labor Poaching, and Spatial Clustering", Regional Science and Urban Economics, vol. 36, no. 1,

2006, pp. 1-28.

[163] Combes, P. -P., G., Duranton, and Gobillon, L., "Spatial Wage Disparities: Sorting Matters!", Journal of Urban Economics, vol. 63, no. 2, 2008, pp. 723-742.

[164] Combes, P. -P., G., Duranton, Gobillon, L., D., Puga and Sébastien R., "The Productivity Advantages of Large Cities: Distinguishing Agglomeration from Firm Selection", Econometrica, vol. 80, no. 6, 2012a, pp. 2543-2594.

[165] Combes, P. -P., G., Duranton, L., Gobillon, and Sébastien R., "Sorting and Local Wage and Skill Distributions in France", Regional Science and Urban Economics, vol. 42, no. 6, 2012a, pp. 913-930.

[166] Copeland, B. And Taylor, M., "Trade and Transboundarg Pollution", American Economic Review, vol. 85, no. 4, 1995, pp. 716-737.

[167] Corcos, G. and Del Gatto, M. and Mion, G. And Ottaviano, I. P. G., "Productivity and Firm Selection—Quantifying the New Gains from Trade", the Economic Journal, vol. 122, 2011, pp. 754-798.

[168] D'Amuri, F. and Peri, G., Immigration, "Jobs and Employment Protection: Evidence from Europe", NBER Working Paper series, no. 17139, 2011.

[169] Das M., M. J., Roberts and J. R., Tybout, "Market Entry Costs, Producer Heterogeneity and Export Dynamics", Econometrica, vol. 75, no. 3, 2007, pp. 837-873.

[170] Davies, R. B., and Eckel, C., "Tax Competition for Heterogeneous Firms with Endogenous Entry", American Economic Journal: Economic Policy, vol. 2, no. 1, 2010, pp. 77-102.

[171] Davis D., "A Spatial Knowledge Economy", Columbia University, mimeo, 2010.

[172] De Loecker, J. and Warzynski, F., "Markups and Firm-level Export Status", American Economic Review, vol. 102, no. 6, 2012, pp. 2437-2471.

[173] De Loecker, J., P., Goldberg, A., Khandelwal and Pavcnik, N.,

"Prices, Markups and Trade Reform", Princeton University, mimeo, 2014.

[174] Del Gatto, M., Ottaviano, G. I. P., Pagnini, M., "Openness to Trade and Industry Cost Dispersion: Evidence from A Panel of Italian Firms", Journal of Regional Science, vol. 48, no. 1, 2008, pp. 97–129.

[175] Demidova. S., Kee. H. L. and Krishna. K., "Do Trade Policy Differences Induce Sorting? Theory and Evidence from Bangladeshi Apparel Exporters", Journal of International Economics, vol. 87, no. 2, 2012, pp. 247–261.

[176] Dhingra S. and Morrow, J., "Monopolistic Competition and Optimum Product Diversity under Firm Heterogeneity", LSE Department of Economics, 2012.

[177] Di Addario, Sabrina, "Job Search in Thick Markets", Journal of Urban Economics, vol. 69, no. 3, 2011, pp. 303–318.

[178] Dinda, S., "Environment Kuznets Curve Hypothesis: A Survey", Ecological Economics, vol. 49, 2004, pp. 431–455.

[179] Docquier, F., Rapoport, H., "Globalization, Brain Drain, and Development", Journal of Economic Literature, vol. 50, no. 3, 2012, pp. 681–730.

[180] Duranton, G. and D., Puga, Mirco-foundations of Urban Agglomeration Economies, in Handbook of Urban and Regional Economics, 2004, vol. 4, ed. J. V. Henderson and J. F. Thisse (Amsterdam: Elsevier).

[181] Duranton, G. and Puga, D., "Microfoundations of Rrban Agglomeration Economies". In: Henderson, Vernon, Thisse, Jaques (Eds.), Handbook of Regional and Urban Economics, vol. 4, 2004, pp. 2063–2117.

[182] Duranton, G. and Storper, M., "Rising Trade Costs? Agglomeration and Trade with Endogenous Transaction Costs", Canadian Journal of Economics, vol. 41, no. 1, 2008, pp. 292–319.

[183] Duranton, G., Gobillon and L. and Overman, H. G., "Assessing the Effects of Local Taxation Using Microgeographic Data", The Economic Journal, vol. 121, 2011, pp. 1017–1046. Doi: 10.1111/j.1468-0297.2011.02439.x.

[184] Dustmann, C., Fadlon, I., Weiss, Y., "Return Migration, Human

Capital Accumulation and the Brain Drain", Journal of Development Economics, vol. 95, no. 1, 2011, pp. 58-67.

[185] Eckel, C., L., Iacavone, B., Javorcik and J. P., Neary, "Multiproduct Firms at Home and Away: Cost Versus Quality-Based Competence", University of Oxford, mimeograph, 2013.

[186] Eckel, Carsten and J. P., Neary, "Multiproduct Firms and Flexible Manufacturing in the Global Economy", Review of Economic Studies, vol. 77, no. 1, 2010, pp. 188-217.

[187] Eeckhout, J., "Gibrat's Law for (all) Cities," American Economic Review, vol. 94, no. 5, 2004, pp. 1429-1451.

[188] Eeckhout, J., R. B., Pinheiro and Schmidheiny, K., "Spatial Sorting: Why New York, Los Angeles and Detroit Attract the Greatest Minds as Well as the Unskilled", CESifo Working Paper Series, No. 327, 2010.

[189] Ekins, P., "The Kuznets Curve for the Environment and Economic Growth: Examining the Evidence", Environment and Planning, vol. 29, 1997, pp. 805-830.

[190] Epifani, P. and Gancia, G., "Trade, Markup Heterogeneity and Misallocations, Journal of International Economics", vol. 83, no. 1, 2011, pp. 1-13.

[191] Eslava, M., C., Fieler and D. Y., Xu, "Trade, Skills and Quality Upgrading: A Theory with Evidence from Colombia", University of Pennsylvania, mimeograph, 2014.

[192] Faber, B., Trade Integration, "Market Size and Industrialization: Evidence from China's National Trunk Highway System", CEP Discussion Paper, No. 1244, 2013.

[193] Fajgelbaum, P. D., Grossman, G. and Helpman, E., "Income Distribution, Product Quality, and International Trade", Journal of Political Economy, vol. 119, no. 4, 2011, pp. 721-765.

[194] Fingleton, B. and S., Longhi, "The Effects of Agglomeration on

Wages: Evidence from the Micro-level", SERC Discussion Paper, No. 81, 2011.

[195] Foster, L., Haltiwanger, J., Syverson, C., "Reallocation, Firm Turnover, and Efficiency: Selection on Productivity or Profitability?" American Economic Review, vol. 98, no. 1, 2008, pp. 394–425.

[196] Fu, Y. and S. A. Gabriel, "Labor Migration, Human Capital Agglomeration and Regional Development in China," Regional Science and Urban Economics, vol. 42, no. 3, 2012, pp. 473–484.

[197] Fujita M., "Thünen and the New Economic Geography", Regional Science and Urban Economics, vol. 42, no. 6, 2012, pp. 907–912.

[198] Fujita, M., P. Krugman, and A. Venables, "The Spatial Economy: Cities, Regions, and International Trade", Cambridge, MA: MIT Press, 1999.

[199] G. Duranton, G., "Urban Grwoth: Trends v. s. Noise," Revista Galega de Economía, vol. 19, 2010, núm. Extraord.

[200] Gabaix, X. and R. Ibragimov, "Rank-1/2: A Simple Way to Improve the OLS Estimation of Tail Exponents," Journal of Business and Economics Statistics, vol. 29, no. 1, 2011, pp. 24–29.

[201] Gatto, M. D., G. I. P., Ottaviano and M., Pagnini, "Openness to Trade and Industry Cost Dispersion: Evidencefrom a Panel of Italian Firms", Journal of Regional Science, vol. 48, no. 1, 2008, pp. 97–129.

[202] Ghironi, F. and Melitz M. J., "International Trade and Macroeconomic Dynamics with Heterogeneous Firms", The Quarterly Journal of Economics, vol. 120, no. 3, 2005, pp. 865–915.

[203] Giesen, K. and J. Suedekum, "Zipf's Law for Cities in the Regions and the Country", Journal of Economic Geography, vol. 11, no. 4, 2011, pp. 667–686.

[204] Glaeser, E. L., Kahn, M. E., Rappaport, J., "Why do the Poor Live in Cities? The Role of Public Transportation", Journal of Urban Economics, vol. 63, no. 1, 2008, pp. 1–24.

[205] Glaeser, E. L and David C. Maré, "Cities and Skills", Journal of Labor Economics, vol. 19, no. 2, 2001, pp. 316-342.

[206] Glaeser, E. L. and G. A. M., Ponzetto, "Did the Death of Distance Hurt Detroit and Help New York?" NBER Working Papers 13710, 2007.

[207] Glaeser, E. L, "Are Cities Dying?" Journal of Economic Perspectives, vo. 12, no. 2, 1998, pp. 139-160.

[208] Glaeser, E. L. and M. G. Resseger, "The Complementarity between Cities and Skills," NBER Working Paper No. 15103, 2009.

[209] Glaeser, Edward L., Gottlieb, Joshua D., "The Wealth of Cities: Agglomeration Economies and Spatial Equilibrium in the United States", Journal of Economic Literature, vol. 47, no. 4, 2009, pp. 983-1028.

[210] Glaeser, Edward L., Kallal, H. D., Scheinkman, J. A., Shleifer, A., "Growth in Cities", Journal of Political Economy, vol. 100, no. 6, 1992, pp. 1126-1152.

[211] Glaeser, G. L. and Resseger, M. G., "The Complementarity between Cities and Skills", Journal of Regional Science, vol. 50, no. 1, 2010, pp. 221-244.

[212] Glaeser, L. E. and Kahn, M., "Sprawl and Urban Growth", in V. Henderson and J. Thisse (eds.), the Handbook of Regional and Urban Economics, Amsterdam: North Holland, 2004, 8: 47-71.

[213] Goldberg, P. K. and Pavcnik, N., "Distributional Effects of Globalization in Developing Countries", NBER Working Paper No. 12885, 2007.

[214] Grogger, J. and Hanson, G. H., "Income Maximization and The Selection and Sorting of International Migrants", Journal of Development Economics, vol. 95, no. 1, 2011, pp. 42-57.

[215] Grossman, G. and Krueger, A., "Economic Growth and the Environment", Quarterly Journal of Economics, vol. 110, no. 2, 1995, pp. 353-377.

[216] Haufler, A. and Wooton I., "Competition for Firms in an Oligopolistic

Industry: The Impact of Economic Integration", Journal of International Economics, vol. 80, no. 2, 2010, pp. 239-248.

[217] Helpman, E., Melitz, M. and Yeaple, S., "Export versus FDI with Heterogeneous Firms", American Economic Review, vol. 94, no. 1, 2004, pp. 300-316.

[218] Henderson, J. V. and Venables, A., "The Dynamics of City Formation", NBER Working Papers 13769, 2008.

[219] Henderson, J. V., "Cities and Development," Journal of Regional Science, vol. 50, no. 1, 2010, pp. 515-540.

[220] Henning, C. H. C. A., N., Zarnekow and Kaufmann, P., "Understanding Rural Migration in Industrialized Countries: The Role of Heterogeneity, Amenities and Social Networks", European Review of Agricultural Economics, vol. 40, no. 1, 2013, pp. 95-120.

[221] Hillberry, R. and Hummels, D., "Trade Responses to Geographic Frictions: A Decomposition Using Micro-data", European Economic Review, vol. 52, no. 3, 2008, pp. 27-550.

[222] Hoselitz, B. F., "Generative and Parasitic Cities," Economic Development and Cultural Change, vol. 3, no. 3, 1955, pp. 278-294.

[223] Hottman, C., S. J., Redding, Weinstein, D. E., "What is 'Firm Heterogeneity' in Trade Models? The Role of Quality, Scope, Markups and Cost", CEP Discussion Paper, no. 1294, 2014.

[224] Johnson, R. C., "Trade and Prices with Heterogeneous Firms", Journal of International Economics, vol. 86, no. 1, 2012, pp. 43-56.

[225] Kanemoto, Y., "Second-best Cost-benefit Analysis in Monopolistic Competition Models of Urban Agglomeration", Journal of Urban Economics, 76, 2013, pp. 83-92.

[226] Kano, K. T. K. and Takechi, K., "Exaggerated Death of Distance: Revisiting Distance Effects on Regional Price Dispersions", Journal of International Economics, vol. 90, no. 2, 2013, pp. 403-413.

[227] Kerr, S. P. and Kerr, W. R., "Economic Impacts of Immigration: A Survey", NBER Working Paper, no. 16736, 2011.

[228] Khandelwal, A. K., "The Long and Short (of) Quality Ladders", Review of Economic Studies, vol. 77, no. 4, 2010, pp. 1450-1476.

[229] Kluger, M. and Verhoogen, E., "The Quality-Complementarity Hypothesis: Theory and Evidence from Colombia", Institute for the Study of Labor, IZA. No. 3932, 2009.

[230] Kondo, K. and Okubo, T., "Structural Estimation and Interregional Labour Migration: Evidence from Japan", KEIO/Kyoto Global Coe Discussion Paper, DP2011-040, 2012.

[231] Koster, H. R., Rietveld, P. and Ommeren, J. V., "Historic Amenities, Income and Sorting of Households", SERC Discussion Paper, No. 0124, 2013.

[232] Krugman, P., "Confronting the Mystery of Urban Hierarchy," Journal of the Japanese and International Economies, vol. 10, no. 4, 1996, pp. 399-418.

[233] Krugman, P., "Increasing Returns and Economic Geography", Journal of Political Economy, vol. 99. 1991, pp. 483-492.

[234] Krugman, P., "The New Economic Geography, Now Middle-aged", Regional Studies, vol. 45, no. 1, 2011, pp. 1-7.

[235] Krugman, P., "What's New about the New Economic Geography?" Oxford Review of Economic Policy, vol. 14, no. 2, 1998, pp. 7-17.

[236] Kuznets, S., "Economic Growth and Income Inequality", American Economic Review, vol. 45, no. 1, 1995, pp. 1-28.

[237] Lai, F. C. and Tabuchi, T., "Hotelling Meets Weber", Regional Science and Urban Economics, vol. 42, no. 6, 2012, pp. 1017-1022.

[238] Lee, S., "Ability Sorting and Consumer City", Journal of Urban Economics, vo. 68, no. 1, 2010, pp. 20-33.

[239] Levinsohn, J. and A. Petrin, "On the Micro-foundations of Productivity Growth", vol. 2, 2003b, pp. 113-123.

[240] Levinsohn, J. and A. Petrin., "Estimating Production Functions using Inputs to Control for Unobservables". Review of Economic Studies, vol. 70, no. 2, 2003a, pp. 317-342.

[241] Lucas, R. E., and R. Rossi-Hansberg, "On the Internal Structure of Cities," Econometrica, vol. 70, no. 4, 2002, pp. 1445-1476.

[242] Manova, K., Zhang, Z., "Quality Heterogeneity across Firms and Export Destinations", Quarterly Journal of Economics, vol. 127, 2012, pp. 379-436.

[243] Martin, P., Mayer, T. and Mayneris, F., "Public Support to Cluster: A Firm Level Study of French 'Local Productive System' ", Regional Science and Urban Economics, vol. 41, no. 2, 2011, pp. 108-123.

[244] Martin, Philippe, Mayer, Thierry, Mayneris, Florian, "Spatial Concentration and Plant-level Productivity in France", Journal of Urban Economics, vol. 69, no. 2, 2011, pp. 182-195.

[245] Matano, A. and Naticchioni, P., "Wage Distribution and the Spatial Sorting of Workers", Journal of Economic Geography, vol. 12, no. 2, 2012, pp. 379-408.

[246] Mattoo, A. and Neagu, I. C. and Ozden, C., "Performance of Skilled Migrants in the U. S. : A Dynamic Approach", Regional Science and Urban Economics, vol. 42, no. 5, 2012, pp. 829-843.

[247] Mayer, T., Méjean, I. and Nefussi, B., "The Location of Domestic and Foreign Production Affiliates by French Multinational Firms", CEPII Working Paper 2007-07, 2007.

[248] Mayer, Thierry, Marc Melitz and G. I. P., Ottaviano, "Market Size, Competition, and the Product Mix of Exporters", American Economic Review, vol. 104, no. 2, 2014, pp. 495-536.

[249] Melitz, M. and Ottaviano, G., "Market Size, Trade and Productivity", Review of Economic Studies, vol. 75, no. 1, 2008, pp. 295-316.

[250] Melitz, M., "The Impact of Trade on Intra-industry Reallocations and Aggregate Industry Productivity", Econometrica, vol. 71, 2003, pp. 1695-1725.

[251] Melitz, M. J. and Redding, S. J., "Firm Heterogeneity and Aggregate Welfare", CEP Discussion Paper, no. 1200, 2013.

[252] Melitz, M. J. and Redding, S. J., "Heterogeneous Firms and Trade", CEP Discussion Paper, no. 1183, 2012.

[253] Melitz, M. J., 2003, "The Impact of Trade on Intra-industry Reallocations and Aggregate Industry Productivity", Econometrica, vol. 71, no. 6, pp. 1695-1725.

[254] Michalski, T., "Input Substitutability, Trade Costs and Location", Economics Letters, vol. 117, no. 1, 2012, pp. 57-59.

[255] Mion, G. and P. Naticchioni, "The Spatial Sorting and Matching of Skills and Firms", Canadian Journal of Economics, vol. 42, no. 1, 2009, pp. 28-55.

[256] Mrazova, M. and Neary, J. P., "Selection Effects with Heterogeneous Firms", CEP Discussion Paper No. 1174, 2012.

[257] Nicoud, R., "A Simple Geography Model with Vertical Linkages and Capital Mobility", Mimeo, London School of Economics, 2002.

[258] Nocco, A., Ottaviano, G. I. P. and Salto, M., "Monopolistic Competition and Optimum Product Selection: Why and How Heterogeneity Matters", CEP Discussion Paper No 1206, 2013.

[259] Nocke V., "A Gap for Me: Entrepreneurs and Entry", Journal of the European Economic Association, vol. 4, no. 5, 2006, pp. 929-956.

[260] Novy, D., "International Trade without CES: Estimating Translog Gravity", Journal of International Economics, vol. 89, no. 2, 2013, pp. 271-282.

[261] Okubo, T. and Forslid, R., "Spatial Relocation with Heterogeneous Firms and Heterogeneous Sectors", RIETI Discussion Paper Series 10-E-056, 2010.

[262] Okubo, T. and Picard, P., "Firms Location under Demand Heterogeneity", CREA Discussion Paper Series, no. 11-07, 2011.

[263] Okubo, T. and Tomiura, E., "Industrial Relocation Policy, Productivity and Heterogeneous Plants: Evidence from Japan", Regional Science and Urban Economics, vol. 42, no. 1-2, pp. 230-239.

[264] Okubo, T. and Tomiura, E., "Productivity Distribution, Firm Heterogeneity, and Agglomeration: Evidence from Firm-level Data", RIEB Discussion Paper, DP2011-06, 2011.

[265] Okubo, T. and Tomiura, E., "Skew Productivity Distributions and Agglomeration: Evidence from Plant-level Data", Keio/Kyoto Joint Global COE Discussion Paper Series, No. 2012-020, 2012.

[266] Okubo, T., "Firm Heterogeneity and Location Choice", RIEB Discussion Paper Series, Discussion Paper no. 2010-112010, 2010.

[267] Okubo, T., P., Picard and Thisse, Jacques-François, "The Spatial Selection of Heterogeneous Firms", Journal of International Economics, vol. 82, no. 2, 2010, pp. 230-237.

[268] Olley, G. S. and A., Pakes, "The Dynamics of Productivity in the Telecommunications Equipment Industry", Econometrica, vol. 64, 1996, pp. 1263-1297.

[269] Ortega, F., and G. Peri, "The Effect of Income and Immigration Policies on International Migration," Migration Studies, vol. 1, no. 1, 2013, pp. 47-74.

[270] Ottaviano, G., "Firm Heterogeneity, Endogenous Entry, and the Business Cycle", NBER Working Paper, no. 17433, 2011.

[271] Ottaviano G., Tabuchi, T. and Thisse, J. F., "Agglomeration and Trade Revisited", International Economic Review, vol. 43, no. 2, 2002, pp. 409-435.

[272] Ottaviano, "Agglomeration, Trade and Selection", CEP Discussion Papers, no. 1129, 2012.

[273] Ottaviano, G. I. P. and Giovanni, P., "Immigration and National Wages: Clarifying the Theory and the Empirics", MPRA Paper, no. 14188, 2008.

[274] Ottaviano, Gianmarco I. P., "Footloose Capital, Market Access, and

the Geography of Regional State Aid", Discussion Paper Series 26387, Hamburg Institute of International Economics, 2001.

[275] Overman H. g. and A. J. V., "Cities in the Developing World", CEP Discussion Paper, no. 295, 2005.

[276] Overman, Henry G., Puga, Diego, "Labor Pooling as A Source of Agglomeration: An Empirical Investigation", In: Glaeser, Edward L. (Ed.), The Economics of Agglomeration. National Bureau of Economic Research, Cambridge (MA), pp. 133–150, 2010.

[277] Partridge, M. D., "The Duelling Models: NEG vs. Amenity Migration in Explaining US Engines of Growth", Papers in Regional Science, vol. 89, no. 3, 2010, pp. 513–537.

[278] Phaneuf, D. J. and V. K. Smith, "Recreation Demand Models", in K. G. Mäler and J. R. Vincent (ed.) Handbook of Environmental Economics, Amsterdam: North-Holland/Elsevier, 2006.

[279] Picard, P. M. and Okubo, T., "Firms Locations under Demand Heterogeneity", Regional Science and Urban Economics, vol. 42, no. 6, 2012, pp. 961–974.

[280] Picard, P. M., "Trade, Economic Geography and the Choice of Product Quality", CREA Discussion Paper, no. 2012–11, 2012.

[281] Plantinga, A. J. and Détang-Dessendre, C. and Hunt, G. L. and Piguet, V., "Housing Prices and Inter-urban Migration", Regional Science and Urban Economics, vol. 43, no. 2, 2013, pp. 296–306.

[282] Puga, D., "The Magnitude and Causes of Agglomeration Economies", Journal of Regional Science, vol. 50, no. 1, 2010, pp. 203–219.

[283] Rauscher, M., "Hot Spots, High Smokestacks, and the Geography of Pollution", Presented in Seminars at the Universities of Helsinki and Rostock, at the Free University of Berlin and the Interdisciplinary Institute for Environmental Economics in Heidelberg, 2009.

[284] Razin, A. and Sadka, E., "Tax Competition and Migration: The Race-

to-the-Bottom Hypothesis Revisited", NBER Working Paper, No. 16670, 2011.

[285] Redding, S. and Sturm, D. M., "The Costs of Remoteness: Evidence from German Division and Reunification", American Economic Review, vol. 98, no. 5, 2008, pp. 1766-97.

[286] Redding, S. J., Goods Trade, Factor Mobility and Welfare, CEP Discussion Papers, no. 1140, 2012.

[287] Rietveld, P. and R., Vickerman, "Transport in Regional Science: The 'Death of Distance' is Premature", Papers in Regional Science, vol. 83, no. 1, 2003, pp. 229-248.

[288] Roodman, D., "A Note on the Theme of Too Many Instruments", CGD Working Paper, no. 125, 2008.

[289] Rosenthal, S. S. and Strange, W. C., "The Attenuation of Human Capital Spillovers", Journal of Urban Economics, vol. 64, no. 2, 2008, pp. 373-389.

[290] Rosenthal, S. S. and W. C., Strange, "Evidence on the Nature and Sources of Agglomeration Economies", In: Henderson, Vernon, Thisse, Jacques (Eds.), The Handbook of Urban and Regional Economics. Elsevier, 2004, pp. 2119-2172.

[291] Rosenthal, S. S. and W. C., Strange, "The Geography of Entrepreneurship in The New York Metropolitan Area", Economic Policy Review, 2005, pp. 29-53.

[292] Rossi-Hansberg, E. and M. L. J. Wright, "Urban Structure and Growth," Review of Economic Studies, vol. 74, no. 2, 2007, pp. 597-624.

[293] Rozenfeld, H. D., D. Rybski, X. Gabaix and H. A., Makse, "The Area and Population of Cities: New Insights from a Different Perspective on Cities," The American Economic Review, vol. 101, no. 5, 2011, pp. 2205-2225.

[294] Saito, H., Gopinath, M. and Wu, J. J., "Heterogeneous Firms, Trade Liberalization and Agglomeration", Canadian Journal of Economics, vol. 44, no. 2, 2011, pp. 541-560.

[295] Samuelson, P. A., "The Transfer Problem and Transport Cost: The Terms of Trade When Impediments are absent", Economic Journal, vol. 62, 1952, pp. 278–304.

[296] Soo, K., "Zipf's Law for Cities: A Cross-Country Investigation", Regional Science and Urban Economics, vol. 35, no. 3, 2005, pp. 39–263.

[297] Stern, D., "Progress on the Environmental Kuznets Curve?" Environment and Development Economics, vol. 3, 1998, pp. 175–198.

[298] Strange W. C., "Viewpoint: Agglomeration Research in the Age of Disaggregation", Canadian Journal of Economics, vol. 42, no. 1, 2009, pp. 1–27.

[299] Strange, W. C., W., Hejazi, and J. Tang, "The Uncertain City: Competitive Instability, Skills, Innovation, and the Strategy of Agglomeration", Journal of Urban Economics, 2006, vol. 59, no. 3, pp. 331–351.

[300] Syverson, C., "Market Structure and Productivity: A Concrete Example", Journal of Political Economy, vol. 112, no. 6, 2004, pp. 1181–1222.

[301] Syverson, C., "Prices, Spatial Competition and Heterogeneous Producers: An Empirical Test", Journal of Industrial Economics, vol. 55, no. 2, 2007, pp. 197–222.

[302] Tabuchi, T. and Jacques-Francois Thisse, "Taste Heterogeneity, Labor Mobility and Economic Geography," Journal of Development Economics, vol. 69, no. 1, 2002, pp. 155–177.

[303] Tabuchi, T., "Are NEG Models Capable of Simulating Agglomeration in the Real World?" Discussion Papers, 2012.

[304] Tabuchi, T., "Multiproduct Firms in Hotelling's Spatial Competition", Journal of Economics and Management Strategy, vol. 21, no. 2, 2012, pp. 445–467.

[305] Thia, J. P., "Why Capital does not Migrate to the South: A New Economic Geography Perspective", CEP Discussion Paper, No. 895, 2008.

[306] Topalova, P., "Factor Immobility and Regional Impacts of Trade Liberalization: Evidence on Poverty from India", American Economic Journal: Applied

Economics, vol. 2 no. 4, 2010, pp. 1–41.

[307] Venables, A. J., "Productivity in Cities: Self-selection and Sorting", Journal of Economic Geography, vol. 11, no. 2, 2011, pp. 241–251.

[308] Vermeulen, W. and Jan Rouwendal, "A Note on the Value of Foregone Open Space in Sprawling Cities," SERC Discussion Paper, no. 101, 2012.

[309] Waldfogel, J., "Who Benefits Whom in the Neighborhood? Demographics and Retail Product Geography", Agglomeration Economics, Chicago: University of Chicago Press, 2010.

[310] Whalley, J. and S. Zhang, "A Numerical Simulation Analysis of (Hukou) Labor Mobility Restrictions in China," Journal of Development Economics, vol. 83, no. 2, 2007, pp. 392–410.

[311] Windmeijier, F., "A Finite Sample Correction for the Variance of Liner Two-step GMM estimators", Journal of Econometrics, vol. 126, no. 1, 2005, pp. 25–51.

[312] Wooldridge, J. M., "Econometric Analysis of Cross Section and Panel Data", The MIT Press, 2003.

[313] Yasar, M. and Raciborski, R., "Production function estimation in Stata using the Olley and Pakes method", The Stata Journal, vol. 8, no. 2, 2008, pp. 221–231.

[314] Yeaple, S., "Firm Heterogeneity and the Structure of U.S. Multinational Activity: An Empirical Analysis", Journal of International Economics, vol. 78, no. 2, 2009, pp. 206–215.

[315] Young, A., "The razor's Edge: Distortions and Incremental Reform in the People's Republic of China", Quarterly Journal of Economics, vol. 115, 2000, pp. 1091–1135.

[316] Zhelobodko, E., Kokovin, S., Parenti, M. and Thisse, J.-F., "Monopolistic competition: Beyond the CES", CEPR Discussion Paper, no. 7947, 2010.

[317] 陈良文、杨开忠、沈体雁、王伟:《经济集聚密度与劳动生产率差异——基于北京市微观数据的实证研究》,《经济学(季刊)》,2008年第1期。

[318] 陈强远、梁琦:《技术比较优势、劳动力知识溢出与转型经济体城镇化》,《管理世界》,2014年第11期。

[319] 范剑勇:《产业集聚与地区间劳动生产率差异》,《经济研究》,2006年第11期。

[320] 范剑勇、冯猛、李方文:《产业集聚与企业全要素生产率》,《世界经济》,2014年第5期。

[321] 柯善咨、赵曜:《产业结构、城市规模与中国城市生产率》,《经济研究》,2014年第4期。

[322] 梁琦:《分工、集聚与增长》,北京:商务印书馆,2009年版。

[323] 梁琦、陈强远、王如玉:《户籍改革、劳动力流动与城市层级体系优化》,《中国社会科学》,2013年第12期。

[324] 刘海洋、刘玉海、袁鹏:《集群地区生产率优势的来源识别:集聚效应抑或选择效应?》,《经济学(季刊)》,2015年第3期。

[325] 鲁晓东、连玉君:《中国工业企业全要素生产率估计:1999~2007》,《经济学(季刊)》,2012年第2期。

[326] 聂辉华、江艇、杨汝岱:《中国工业企业数据库的使用现状和潜在问题》,《世界经济》,2012年第5期。

[327] 潘峰华、夏亚博、刘作丽:《区域视角下中国上市企业总部的迁址研究》,《地理学报》,2013年第4期。

[328] 孙浦阳、韩帅、许启钦:《产业集聚对劳动生产率的动态影响》,《世界经济》,2013年第3期。

[329] 余壮雄、杨扬:《大城市的生产率优势:集聚与选择》,《世界经济》,2014年第10期。

[330] Accetturo, A., A. Dalamazzo, and G. D. Blasio, 2014, "Skill Polarization in Local Labour Markets under Share-altering Technical Change", Journal of

Regional Science, Vol. 54 (4), 249-272.

[331] Au, C. C., and J. V. Henderson, 2006, "Are Chinese Cities Too Small?", Review of Economic Studies, Vol. 73 (3), 549-576.

[332] Bacolod, M., B. S. Blum, and W. C. Strange, 2009, "Skills in the City", Journal of Urban Economics, Vol. 65 (2), 136-153.

[333] Baldwin, R. E., and T. Okubo, 2006, "Heterogeneous Firms, Agglomeration and Economic Geography: Spatial Selection and Sorting," Journal of Economic Geography, Vol. 6 (3), 323-346.

[334] Baldwin, R. E., and T. Okubo, 2009, "Tax Reform, Delocation, and Heterogeneous Firms", Scandinavian Journal of Economics, Vol. 111 (4), 741-764.

[335] Baldwin, R. E., and T. Okubo, 2014, "Tax Competition with Heterogeneous Firms", Spatial Economic Analysis, Vol. 9 (3), 309-326.

[336] Baum-Snow, N., R. Pavan, 2013, "Inequality and City Size", Review of Economics and Statistics, Vol. 95 (5), 1535-1548.

[337] Behrens, K., G. Duranton, and F. Robert-Nicoud, 2014, "Productive Cities: Sorting, Selection, and Agglomeration", Journal of Political Economy, Vol. 122 (3), 507-553.

[338] Berry, C. R., and E. L. Glaeser, 2005, "The Divergence of Human Capital Levels across Cities", Papers in Regional Science, Vol. 84 (3), 407-444.

[339] Brandt, L., J. V. Biesebroeck, and Y. F. Zhang, 2012, "Creative Accounting or Creative Destruction? Firm-level Productivity Growth in Chinese Manufacturing", Journal of Development Economics, Vol. 97 (2), 339-351.

[340] Ciccone, A., 2002, "Agglomeration Effects in Europe", European Economic Review, Vol. 46 (2), 213-227.

[341] Combes, P. P., G. Duranton, and L. Gobillon, 2008, "Spatial Wage Disparities: Sorting Matters!", Journal of Urban Economics, Vol. 63 (2), 723-742.

[342] Combes, P. P., G. Duranton, and L. Gobillon, 2011, "The Identification of Agglomeration Economies", Journal of Economic Geography, Vol. 11 (2), 253-266.

[343] Combes, P. P., G. Duranton, L. Gobillon, D. Puga, S. Roux, 2012, "The Productivity Advantages of Large Cities: Distinguishing Agglomeration from Firm Selection", Econometrica, Vol. 80 (6), 2543-2594.

[344] Combes, P. P., G. Duranton, L. Gobillon, and R. Sébastien, 2012, "Sorting and Local Wage and Skill Distributions in France", Regional Science and Urban Economics, Vol. 42 (6), 913-930.

[345] Del Gatto, M., G. I. P. Ottaviano, and M. Pagnini, 2008, "Openness to Trade and Industry Cost Dispersion: Evidence from a Panel of Italian Firms", Journal of Regional Science, Vol. 48 (1), 97-129.

[346] Eeckhout, J., R. Pinheiro, and K. Schimdheiny, 2014, "Spatial Sorting", Journal of Political Economy, Vol. 122 (3), 554-620.

[347] Forslid, R., T. Okubo, 2014, "Spatial Sorting with Heterogeneous Firms and Heterogeneous Sectors", Regional Science and Urban Economics, Vol. 46, 42-56.

[348] Forslid, R., and T. Okubo, 2015, "Which Firms are Left in the Periphery? Spatial Sorting of Heterogeneous Firms with Scale Economies in Transportation", Journal of Regional Science, Vol. 55 (1), 51-65.

[349] Glaeser, E., and M. Kahn, 2004, "Sprawl and Urban Growth," in Henderson, J. V. and J. F. Thisse, eds., Handbook of Urban and Regional Economics, Vol. 4. Oxford: Oxford University Press.

[350] Greenstone, M., R. Hornbeck, and E. Moretti, 2010, "Identifying Agglomeration Spillovers: Evidence from Winners and Losers of Large Plant Openings", Journal of Political Economy, Vol. 118 (3), 536-598.

[351] Hu, C., Z. Xu, and N. Yashiro, 2015, "Agglomeration and Productivity in China: Firm Level Evidence", China Economic Review, Vol. 33, 50-66.

[352] Lee, S., 2010. "Ability Sorting and Consumer City", Journal of Urban Economics, Vol. 68 (1), 20-33.

[353] Melitz, M. J., 2003, "The Impact of Trade on Intra-Industry Reallocations and Aggregate Industry Productivity", Econometrica, Vol. 71 (6): 1695-1725.

[354] Melitz, M. J., and G. I. P. Ottaviano, 2008, "Market Size, Trade and Productivity", Review of Economic Studies, Vol. 75 (1), 295-316.

[355] Melo, P. C., D. J. Graham, and R. B. Noland, 2009, "A Meta-analysis of Estimates of Urban Agglomeration Economies", Regional Science and Urban Economics, Vol. 39 (3), 332-342.

[356] Okubo, T., and E. Tomiura, 2010, "Productivity Distribution, Firm Heterogeneity, and Agglomeration: Evidence from Firm-level Data", Discussion Papers 10017, Research Institute of Economy, Trade and Industry (RIETI).

[357] Okubo, T., P. M. Picard, and J. F. Thisse, 2014, "On the Impact of Competition on Trade and Firm Location", Journal of Regional Science, Vol. 54 (5), 731-754.

[358] Okubo, T., and R. Forslid, 2010, "Spatial Relocation with Heterogeneous Firms and Heterogeneous Sectors", Discussion papers 10056, Research Institute of Economy, Trade and Industry (RIETI).

[359] Puga, D., 2010, "The Magnitude and Causes of Agglomeration Economies", Journal of Regional Science, Vol. 50 (1), 203-219.

[360] Redding, S. J., and A. J. Venables, 2004, "Economic Geography and International Inequality", Journal of International Economics, Vol. 62 (1), 53-82.

[361] Redding, S. J., and D. M. Sturm, 2008, "The Costs of Remoteness: Evidence from German Division and Reunification", American Economic Review, Vol. 98 (5), 1766-1797.

[362] Rosenthal, S. S., and W. C. Strange, 2004, "Evidence on the Nature and Sources of Agglomeration Economies", In Handbook of Regional and Urban Eco-

nomics, Vol. 4, edited by Henderson, J. V., and J. F. Thisse, Amsterdam: North-Holland, 2119-2171.

[363] Saito, H., and M. Gopinath, 2009, "Plant's Self-selection, Agglomeration Economies and Regional Productivity in Chile", Journal of Economic Geography, Vol. 9, 539-558.

[364] Segal, D., 1976, "Are There Returns to Scale in City Size", Review of Economics and Statistics, Vol. 58 (3), 339-350.

[365] Shefer, D., 1973, "Localization Economies in SMSAs: A Production Function Analysis", Journal of Regional Science, Vol. 13 (1), 55-64.